GOLDMANN

Buch

Seit vielen Jahren erwarteten vor allem die Kinoliebhaber eine Autobiographie von Mario Adorf, einem der wenigen Weltstars unter den
deutschen Schauspielern der Gegenwart.
Statt dessen hat Adorf nun aus Erinnerungen, Erlebtem und Gehör-
tem Geschichten aufgeschrieben – über eine Kindheit und Jugend
während der Nazizeit in der Eifel, über die Hunger- und Lehrjahre
nach dem Krieg und aus dem Leben eines Schauspielers, dessen
Lebensweg von kuriosen Zufällen durchzogen ist.
Wer also genau liest, entdeckt so doch Bausteine einer Autobiographie, wobei der Ort der Handlung nicht selten Italien, Adorfs zweite
Heimat, ist.
Aber Vorsicht, nicht alles, was hier erzählt wird, ist genau so passiert;
Geschichten haben ihre eigene Logik und ihre eigene Wahrheit, zumal wenn sie von einem so temperamentvollen und gewitzten Erzäh-
ler wie Adorf stammen.
Daß im übrigen er selbst in vielen seiner Geschichten am Ende nicht
gerade als glänzender Sieger dasteht, dem es zu gratulieren gilt, macht
nicht nur den Charme dieser Erzählungen aus, sondern hat dem Buch
auch seinen Untertitel eingetragen: »Unrühmliche Geschichten.«

Autor

Mario Adorf, geboren 1930 in Zürich, Kindheit und Jugend in Mayen
in der Eifel, studierte Philologie und Theaterwissenschaften.
1953–55 Otto-Falckenberg-Schule in München, bis 1962 an den
Münchner Kammerspielen. Theater- und Filmschauspieler. Seitdem
mehr als hundert Filme im In- und Ausland und Arbeit am Theater.

MARIO ADORF
DER MÄUSETÖTER

Unrühmliche Geschichten

GOLDMANN VERLAG

Ungekürzte Ausgabe

Umwelthinweis:
Alle bedruckten Materialien dieses Taschenbuches
sind chlorfrei und umweltschonend.
Das Papier enthält Recycling-Anteile.

Der Goldmann Verlag
ist ein Unternehmen der Verlagsgruppe Bertelsmann

© 1992 by Verlag Kiepenheuer & Witsch, Köln
Umschlagentwurf: Design Team München
Umschlagfoto: Teutopress, Bielefeld
Druck: Elsnerdruck, Berlin
Verlagsnummer: 42082
MV · Herstellung: Ludwig Weidenbeck
Made in Germany
ISBN 3-442-42082-2

1 3 5 7 9 10 8 6 4 2

Inhalt

Vorwort 9

Zugvögel 11
Blick aus dem Fenster 22
Das Blumenmuster 28
Bonbons und Tränen 31
Das beste Stück 35
Der Sehfehler 38
Der Kreisparteitag 41
Die Angst des Maulwurfs 46
Mein Kampf 51

Faustrecht 54
Der Mäusetöter 62
Kumpel 68
Die Pfeife 76
Die italienische Reise 83
Hypnose 92
Lampenfieber 99
Die Selbstmörderin 108
Küchengeräusche 114

Der böse Blick 120
Der Chargenspieler 128
Avanti! Adelante! 135
Sir Alecs schlechte Laune 144
Hestons Problem 149
Satan 152
Der Tagtraum 156
Der Menschenfreund 159
Barábba 165
Schreie 174
Kuawalalú 178
Requiem für einen Schauspieler 183

Für meine Mutter

Vorwort

Wie man weiß, werden Schauspieler, und nicht nur Schauspieler, mit sechzig kein bißchen weise; sie werden eher unvorsichtig und schreiben Bücher: Memoiren, Erinnerungen oder eine Autobiographie. Genau das möchte ich aber nicht!

Im Juli dieses Jahres ließ ich mich anläßlich der 700-Jahrfeier meiner Heimatstadt Mayen in der Eifel zu einem Auftritt überreden. Zu diesem Zweck hatte ich mich aus Furcht vor einem Steckenbleiben beim freien Vortrag zum erstenmal gezwungen, oft Erzähltes oder frisch Erinnertes aufzuschreiben. Danach wurde ich verschiedentlich ermuntert oder gar gedrängt, die dort gelesenen Geschichten in Buchform zu bringen. Ich sträubte mich lange.

Eines Tages lernte ich einen großen Kollegen kennen. Er hatte schon vor Jahren seine Lebenserinnerungen veröffentlicht und riet mir, mein Buch doch zu schreiben. Das sei schon insofern praktisch, als man dann von Freunden und Kollegen nicht immer wieder gedrängt werde, seine Geschichten zum besten zu geben. Er schenkte mir sein Buch, und obwohl ich im allgemeinen vor Schauspielermemoiren, ich gebe es zu, einen besonderen Horror habe, las ich es und fand, es war ein gescheites, ungewöhnlich uneitles Buch. Doch schon an den folgenden Abenden sollte ich seine ganzen Geschichten immer wieder von ihm hören. So werde auch ich dem Leser nicht garantieren können, in Zukunft vor meinen Erzählungen gefeit zu sein, sollte ich ihm über den Weg laufen.

Doch stellen diese Geschichten keine Autobiographie dar. Denn es geht hier kaum um die »wichtigen« Ereignisse meines Lebens, meine Karriere, meine Theater- und Filmarbeit, sondern eher um meist kleine Episoden, Ereignisse und Begegnungen am Rande, die mir aber etwas bedeuten. Auch ist es mir weniger wichtig, die Wahrheit zu bedienen, als den Leser zu unterhalten. Ich wär's auch zufrieden, wenn er dächte:

»Se non è vero è ben trovato.«

Rom, November 1991   Mario Adorf

Zugvögel

In meiner Familiengeschichte findet sich kein legendärer Müller, geschweige denn ein Kreuzritter, der den seltsamen Wandertrieb, der die letzten drei Generationen meiner Familie beherrscht, erklären könnte. Jedenfalls in der urkundlich belegten Vergangenheit, seit dem Ur-ur-ur-Großvater Jacob Adorf, Dorfschullehrer in Kürrenberg bei Mayen in der Eifel, nur biedere Seßhaftigkeit, bis zu meinem Großvater Kaspar Adorf, 1865 in Mayen geboren. Nach zwei Jahren Militärdienst bei den Ulanen schnürt er als Sattlergeselle zwanzig Jahre später sein Ränzel und begibt sich auf die Walz. In den neunziger Jahren finden wir ihn in Zürich als Besitzer einer gutgehenden Sattlerei mit vierzehn Gesellen und Lehrlingen in der Kasernenstraße. Der dazugehörige Laden wird geführt von seiner Frau, einer geborenen Katharina Kiefter aus dem elsässischen Zabern. Man hat eine schöne Sechszimmerwohnung im dritten Stock gleich nebenan, mit der

Zeit kommen vier Kinder: der Franz, die Elsy, die Alice, und da war noch irgendwo die herzige Fanny, die jedoch vierjährig stirbt.

Abgesehen davon geht es uns gut. Wir beliefern die Kavallerie der Schweizer Miliz, und vor dem Ersten Weltkrieg wird dem Kaspar Adorf sogar, damit der größte Lieferant von Sätteln und andern Reitutensilien kein Dütscher sei, die schweizerische Staatsangehörigkeit angeboten, was dieser jedoch mit dem klassischen Satz ablehnt: Das kann ich meinem Kaiser nicht antun! Wir schreiben schließlich das Jahr 1914, das wäre ja beinahe Desertion! Wären wir nicht schon zu alt, wir würden selbst noch zu den Waffen eilen, um dem Wilhelm zu helfen gegen den Franzmann: Siegreich wollen wir Frankreich schlagen, sterben als ein tapferer He-e-e-eld... Als sein Sohn Franz, der ein unernster Bengel ist und den so manche Prügel mit der Lederpeitsche nicht zu bessern vermochten, achtzehn wird, bringt ihn der Kaspar eigenhändig an die deutsche Grenze und übergibt ihn den Behörden, damit wenigstens der dem Kaiser Wilhelm gegen den Franzosen hilft. Nun fehlt der Franz im Geschäft, auch die Frau ist krank, hat's mit dem Herzen, und hat sich schon ein

Jahr später, erst 41jährig, totgearbeitet. Und da jetzt die Schweizer Armee nicht mehr beim deutschen Adorf arbeiten läßt, geht's bergab. Die kleine Alice wird, neunjährig, zu Verwandten nach Mayen geschickt, nach Deutschland, wo Krieg herrscht, wo es den Leuten schlechtgeht, wo man schon von Hungersnot spricht. Aber das kann man sich in der Schweiz nicht vorstellen, zumal als Deutscher und Kaisertreuer nicht. Den Krieg wird der Kaiser schon gewinnen, und nach dem Krieg, wenn das Alice groß ist, wird man es wieder zurückholen ins Geschäft, falls die Frau, die man jetzt bald heiraten wird, man ist ja erst fünfzig, nichts dagegen hat.

So kommt »et Alice« an einem kalten Wintertag des Jahres 1915 zum ersten Mal nach Mayen. Sie wohnt bei Verwandten in der Polcherstraße und führt dort ein rechtes Aschenputtelleben. Gleich wird sie eingespannt und verrichtet von Tag zu Tag schwerere Arbeit im Lebensmittelgeschäft ihrer Verwandten. Sie geht zwar in die Schule, kommt aber nie auf die Straße, um mit anderen Mädchen zu spielen. In die Kirche darf sie gehen, das schon. Der Krieg geht zu Ende, und der Kaiser ist in Holland. Auf der Straße singen die

Burschen: Siegreich wollen wir – wir dürfen es nicht sagen, weil es verboten i-i-i-ist... In Zürich ist der Kaspar bei Kriegsende vor Enttäuschung und an Magengeschwüren gestorben... Sohn Franz hat zwar den Krieg überlebt, darf aber als Deutscher nicht in die Schweiz einreisen und bleibt vorerst verschollen, man munkelt, daß er zur Fremdenlegion gegangen sei... Jahre später treffen wir ihn in Berlin wieder, wo er als Polstermeister in einer Automobilfabrik arbeitet. Die Elsy, die die Schweiz nie verlassen hatte, konnte Röntgenassistentin werden und ist nach Neapel gegangen, um dort bei einem Professor zu arbeiten, dessen langjährige Geliebte sie wird, wobei sie sich nicht scheut, sich mit »Frau Professor« anreden zu lassen.

»Et Alice«, inzwischen ein sechzehnjähriges Aschenputtel, hat eines Tages die Nase voll und geht, nun wohin schon? In die Schweiz. Bei ihren Verwandten hatte sie ja nichts Richtiges gelernt außer Schuften und Saubermachen, und so finden wir sie als Kinder- oder Dienstmädchen in ein paar Schweizer Herrschaftshäusern. Man behandelt sie gut, sie lernt dort viele Dinge, aber schließlich will man nicht ewig Dienstmagd bleiben, denn in der Schweiz ist ihr keine Berufsausbildung erlaubt.

Also folgt sie ihrer Schwester Elsy nach Neapel, findet dort Arbeit als Sprechstundenhilfe bei einem Zahnarzt, später bei einem Arzt. Sie ist fleißig und zuverlässig und spricht bald fließend Italienisch. An der Universitätsklinik wird sie zur Röntgenassistentin ausgebildet. Bin ich zu indiskret, wenn ich erzähle, daß sie in Neapel Lino Cattolico begegnet, dem Sohn eines wohlhabenden Lebensmittelhändlers, der Rudolfo Valentino ähnlich gesehen haben soll? Aber für Schwester Elsy war er der Sohn eines Metzgers, und das konnte sie als Frau Professor nicht zulassen! Hatte sie ihre Hände im Spiel, als Alices Aufenthaltsgenehmigung nicht verlängert wurde? Alice wurde nach Berlin geschickt, um bei der Agfa die fürs Röntgen wichtige Phototechnik zu erlernen. Von jener Zeit im Berlin der zwanziger Jahre gibt es einige Fotos und sicher an die hundert Postkarten aus Neapel von eben jenem Lino Valentino. Alice kehrt wieder nach Italien zurück, nicht nach Neapel, da sei Schwester Elsy vor. Die vermittelt ihr eine Stelle als Röntgenassistentin im tiefen Süden Italiens, in Catanzaro. Dort ist sie unglücklich und einsam. Ein

freundlicher Arzt vermittelt ihr eine verant-
wortungsvollere Arbeit in einer Privatklinik
an der ionischen Küste, in Siderno Marina.
Casa di Cura, Kurhaus, nennt sich das ländli-
che Krankenhaus. Der Besitzer dieser Klinik
ist ein Dr. Matteo Menniti, 31 Jahre jung, ver-
heiratet, Vater von drei Töchtern, und gut
zwei Jahr später mein Vater, von dem ich
kaum mehr berichten kann, als daß er aus einer wohlhabenden Notarsfamilie von Badolato bei Catanzaro stammt, daß er in Neapel
Medizin studierte und schon während seiner
Studienzeit Bürgermeister seines Heimatortes
wurde. Seine erste Tat als solcher soll gewesen
sein, daß er die Schweine, die üblicherweise in
den Wohnhäusern untergebracht waren, in
Gemeindestallungen außerhalb des Ortes verbannte.

Als er jedoch nach der Machtergreifung der
Faschisten wieder abgesetzt wurde, kehrten
die Schweine in die Wohnhäuser zurück.
Während seines Medizinstudiums in Neapel
soll er, wohl durch eine Beziehung mit einer
Schauspielerin, das Studium sehr vernachläs-
sigt haben, um selbst eine Zeitlang Theater zu
spielen. Er soll von der Familie nur mit Ent-
erbungsdrohungen und schließlich dem Ge-

schenk eines Reitpferdes, der zweiten Passion des Matteo Menniti, wieder auf den Pfad der Tugend und der Medizin zurückgeleitet worden sein. So wurde er Arzt, Chirurg, wohl sogar ein guter, und aus Dankbarkeit stellte ihm die Familie eine nagelneue Privatklinik hin.

Er soll es übrigens schärfstens abgelehnt haben, jungen gefallenen Mädchen der besseren Gesellschaft operativ zu neuer Jungfernschaft zu verhelfen, womit sich in jenen Jahren viele Chirurgen in Süditalien eine goldene Nase verdienten.

Auch lehnte er es grundsätzlich ab, Abtreibungen vorzunehmen, das hat mich immer beruhigt, denn sonst wäre ich vielleicht den Weg so manchen Fleisches gegangen.

In der Klinik muß es wohl an der richtigen Ordnung gemangelt haben, so krempelt Alice die Ärmel hoch und die Klinik um und wird in kurzer Zeit unentbehrlich, offenbar auch dem Dr. Menniti. Dessen privatem Drängen widersetzt sich Alice übrigens lange und standhaft. Erst in Rom, im Hotel Excelsior, wohin der Chef die Unentbehrliche unter einem Vorwand gelockt hatte, fällt die Bastion, und so muß wohl Rom als der Ort meiner Zeugung gelten.

Bis weit in den achten Monat hinein gelang es meiner Mutter – das war sie ja nun im Begriff zu werden, und ich nenne sie von jetzt ab so – dank der damaligen weiten Mode, ihren Zustand in der Klinik geheimzuhalten. Mein Vater hatte, wie gesagt, aus seiner Ehe drei Töchter und soll sich angeblich immer einen Sohn gewünscht haben. Das konnte nur ein unehelicher sein, denn damals gab es in Italien keine Scheidung. Allerdings hätte niemand von dem Kind wissen dürfen, das war klar. Der Junge würde auf dem Land, bei einer verschwiegenen Amme aufgezogen werden, an nichts würde es ihm fehlen, später würde man ihn in ein gutes Internat schicken, er würde studieren, Medizin natürlich, und irgendwann, wenn einmal Gras über die Geschichte gewachsen wäre, könnte man ihn adoptieren, eines Tages könnte er vielleicht sogar die Klinik übernehmen... So plante mein Vater drauflos. Mir ist, als hörte ich meine Mutter erschrocken denken: Und wenn es ein Mädchen ist? – Wie auch immer: Ein Leben, ohne mein Kind bei mir zu haben, es fast nie zu sehen, ein Leben voller Heimlichtun und Sichverstecken? Nein! Nie und nimmer! – Am nächsten Morgen geht sie, ohne Abschied, wohin? Erst einmal nach Neapel, zur Schwester. Die würde, müßte ihr in dieser Situation doch helfen. Aber als sie ihr dann vor ihrer Wohnungstür gegenübersteht, heißt es: »Ja, du lieber Gott! So ein Skandal! Gardini darf dich auf keinen Fall so sehen, du darfst auch nicht eine Minute hierbleiben…!« Noch am gleichen Abend sitzt meine Mutter wieder im Zug. Wohin soll sie nun gehen? Wohin kann sie gehen? Ihre einzige Freundin ist in Zürich, die Wally. Sie wird nach Zürich fahren, in ihre Geburtsstadt. Dort, das wird ihr während der endlosen Fahrt in der Eisenbahn klar, werde ich mein Kind zur Welt bringen, meinen Sohn, es wird ein Junge sein, alle sollen es wissen, nicht bei fremden Leuten versteckt, oder in einem Internat, wo er nie mir gehören würde… Nein, dort, in einem sauberen, schönen Land, wo es keine Vorurteile gibt. Wo man von Kind auf fremde Sprachen lernt, wo mein Sohn studieren kann, wie ich es nie gekonnt, wo man jede Woche einmal ins Theater gehen kann, oder in die Oper… So höre ich meine Mutter denken, während sie im überhitzten Bahncoupé zwischen schlafenden Menschen auf meine ungeduldigen Lebenszeichen in ihrem Bauch horcht, in dem ich darauf warte, in dieses Leben hineingeboren zu werden. Dies geschieht an einem Montagnachmittag, dem 8. September 1930, um 15 Uhr 10, nachdem man sich über 24 Stunden gequält hat: Da, endlich! Ja, es ist ein Junge, MEIN Sohn!

Die vielen schwarzen Haare, sogar auf den Öhrchen einige lange, seidige Härchen; neun Pfund schwer, ein schönes Kind, ein Prachtkind, sagen alle, wann wurde im Zürcher Bethanien-Krankenhaus ein schöneres geboren, wann war eine Mutter je stolzer?... Was ist das? Eine Vorladung der Fremdenpolizei?... Sie gehen keiner geregelten Arbeit nach... Wie kann ich das? Ich habe gerade ein Kind geboren! Kein Arbeitsnachweis, keine Aufenthaltsbewilligung. Sie werden die Schweiz verlassen müssen. – Ja, wo soll ich denn hin? Ich habe doch Geld... ja, von dem Vater des Kindes... Ja, Italiener, na und? Tut mir leid, liebes Fräulein... Warum betont der Kerl das Fräulein so? Wir sind hier in der Schweiz, mein Herr! Ich bin hier geboren!

Ich wäre Schweizerin, hätte mein Vater nicht...

Ja, das nützt alles nichts, mein Fräulein. Fahren Sie in Ihre Heimat, nach... wie heißt

das? Mayen in der Eifel, Deutschland. Fahren
Sie doch dahin! Dort haben Sie ja sicher Verwandte...

So sieht Alice Adorf, ein paar Tage vor
Weihnachten, Mayen wieder. Den fassungs-
losen Verwandten erklärt sie lächelnd und
stolz: »Mein Christkindchen hab ich mir sel-
ber gemacht und mitgebracht.« Eine Tante
bekreuzigt sich: »Himmel und Erde, fallet
über mich!« Die Klatschmaschine der Klein-
stadt kommt in Bewegung: »Haha, et Alice!
Dat hat Humor, kommt nach all den Jahren
wieder, kommt mit einem Bankert auf dem
Arm und sagt, dat wär ihr Christkindchen,
haha!«

Und eine Kusine schaut sich den – »Wie
heißt der? Mario? Was ist denn das für ein
Name?« – schaut sich also den Mario an und
sagt:

»Dä hürt awa de Usterglocke nimmi
läude...!«

Blick aus dem Fenster

Ich krieche auf allen vieren auf dem Boden herum, neben mir dreht sich unermüdlich das Rad einer Nähmaschine, die Füße meiner Mutter auf dem Pedal treiben es an, ich sammle, um mich nützlich zu machen, mit einem mir magisch vorkommenden Hufeisen die heruntergefallenen Stecknadeln auf. Die Beine meiner Mutter sind rot entzündet und geschwollen durch Strahlenverbrennungen, die sie sich als Röntgenassistentin zugezogen hat – in jenen Jahren waren die Geräte nicht genügend geschützt. Sie hatte begonnen, als Näherin in die Häuser zu gehen, aber sie durfte mich oft nicht mitnehmen, so blieb ich tagsüber bei der Tante Lotzen. So nannte ich sie, obwohl sie nicht mit uns verwandt war. Ihr Mann, der Onkel Lotzen, war ein Steinhauer. Er nahm mich später oft mit aufs Basaltgrubenfeld, die Ley, und ich höre noch heute in meinen Ohren das Geläute der unzähligen Hämmer, die den harten Basalt bearbeiteten, das Tuten des Signalhorns, das eine Sprengung ankündigte. Onkel Lotzen machte Pflastersteine, einer war haargenau so groß wie der andere, ohne daß er je einmal hätte nachmessen müssen. In den Erinnerungen an Tante Lotzen sehe ich mich oft auf dem Töpfchen sitzen, dem sogenannten Thron, manchmal kam Tante Traudel, ihre Tochter, zu Besuch. Von meinem Thron aus konnte ich genau zwischen ihre fetten Oberschenkel blicken. Die Seidenstrümpfe endeten eine Handbreit über dem Knie, darüber quoll rosiges Fleisch hervor, bis hinauf, wo der Spitzensaum des Schlüpfers mir den Einblick in etwas Dumpf-Geheimnisvolles verwehrte.

Später mußte meine Mutter mich zeitweise im Marienhaus, dem sogenannten Spitälchen, unterbringen. Dieses düstere Basaltsteingebäude beherbergt ein Altersheim und ein Waisenhaus und wird von Ordensschwestern, Borromäerinnen, geführt. In meinen ersten Erinnerungen daran stellen sich, bevor ich Bilder sehe, erst einmal ferne Töne ein: Die klaren Stimmen des Nonnenchors in der Kapelle... MEIN HERZ OH MARIA BRENNT EWIG ZU DIR... ein Auszählreim der spielenden Mädchen im Hof:

ÖHNE DÖHNE MIKA
GALLERIKA ZIKA
USGERIKA GALLERIKA
ÖHNE DÖHNE MIKA USS

Obwohl die Fensterbank im Treppenhaus nicht sehr hoch ist, muß ich mich gewaltig recken, wenn ich hinausschauen will. Da unten ist der große Hof, mit spitzkantigem Kies bedeckt, das tut ganz schön weh, wenn man hinfällt. Rechts steht die große Schaukel, daneben das Turnreck, auf dem Karl, der größte und stärkste der Jungs, zehn Kniefelgen hintereinander drehen kann. Drüben, längs der Mauer, ist der Sandkasten mit grauschwarzem Sand. Links geht's zur Waschküche und Heißmangel, daneben der Blumen- und Gemüsegarten. Ganz hinten in der Ecke ist das Leichenhaus wie eine kleine Kapelle. Da darf man nicht hin. Aber neulich nahmen mich die größeren Jungs mit hinein, ganz heimlich. Ich hatte Angst, aber das gab ich nicht zu. Es lag tatsächlich jemand darin, unter einem weißen Leintuch. Es roch stickig und süßlich, ich würde den Geruch heute noch unter hundert Gerüchen herauskennen. Der Karl schlug mutig das Leintuch zurück, darunter schlief eine alte Frau, die ich noch vor einigen Tagen über den Hof hatte hinken sehen.

»Guck sie dir an, guck sie dir doch an, die ist tot.«

Ich wurde ganz nah an die Bahre geschubst.

»Faß sie an, die ist ganz kalt!«

Dann nahm der Herbert den Palmwedel aus dem Weihwassergefäß und spritzte feixend ein Kreuzzeichen über die Tote. »Im Namen des Vaters, des Sohnes und des Heiligen Geistes, Amen. Dominus, wo bist du!« sagte Herbert und spritzte auch uns voll mit Weihwasser; da lachte Karl ganz laut, zog der Leiche das Laken wieder über den Kopf, und wir stürzten alle hinaus ins Freie. Ich schaue weiter aus dem Fenster zum Tor, zur hohen Mauer, die oben mit Glasscherben besetzt ist, weiter über die Ringstraße mit den Lindenbäumen hinüber zu dem Haus Möhrenstraße I, wo meine Mutter in einer Dachkammer wohnt, ich darf sie dort jeden Sonntag besuchen. Nach der Messe bringt mich die Schwester Arimathäa über die Straße zum Hauseingang. Ich steige allein die Treppe hinauf, klopfe an die Tür. Ich höre, wie meine Mutter aufsteht, die Tür aufschließt und schnell wieder ins Bett zurückhuscht. Dann erst darf ich hinein, stürze mich mit einem Indianergeheul auf das Plumeau, unter dem sie sich versteckt hat. Nach der Begrüßung darf ich mein Geschenk suchen, eine Tafel Schokolade oder ein Spielzeug. Kalt, sagt sie, eiskalt, Nordpol, wärmer, heiß, noch heißer, und da habe ich es schon gefunden. Manchmal ist es auch etwas zum Anziehen, sie hat mir eine weiße Seidenbluse, einen schwarzen Samtanzug genäht. Der wird dann angezogen, und wir gehen spazieren, die Wittbende hinunter, am Dicken Baum vorbei, dann in die Anlagen bis zum Viadukt. Am Nachmittag gehen wir ins Café Geisbüsch oder ins Café Schütz. Da gibt es Kakao und Kuchen oder Eis.

Aber heute ist nicht Sonntag, mein Blick geht also weiter den Möhren hinauf, da oben links ist das Braune Haus, man kann's von hier aus nicht sehen, nur die Fahne sieht man, die rote Fahne mit dem schwarzen Hakenkreuz im weißen Kreis; die ist aber heute anders, hängt gar nicht am äußersten Ende der Fahnenstange. »Was ist das?« frage ich laut. Hinter mir sagt einer: »Das ist Halbmast, mein Kleiner; der Hindenburg ist gestorben.« – Der Hindenburg, ja, das sagt mir was, da seh' ich einen weißen gezwirbelten Schnurrbart, einen Stiftenkopf... so, der Hindenburg ist gestorben? Dann ist er also tot, so tot wie die alte Frau im Leichenhäuschen. – Unten im Hof singen die Mädchen ein unverständliches Lied:

NING NOH SING DOH
DUWALAJA JUFÖH
DOMMLE DOMMLE DOMMLE WITTE
DOMMLE DOMMLE WATTE FOH
ANKE ANKE RUKA SE
HOLDERIDI BASE
ANKE ANKE RUKA SE
HOLDERIKA SE

Das Blumenmuster

Schwester Agatha leitet den Kindergarten. Der befindet sich im Ständehaus an der Ringstraße, einem roten Backsteinhaus. Bei schönem Wetter wird draußen gespielt, auf der Wiese hinter dem Haus. Man spielt »Blinde Kuh« und »Es geht eine Zipfelmütz in unserm Kreis herum«.

Innen ist ein Saal, an den Wänden stehen kleine Stühle. Die Sitzflächen sind braun und haben ein eingepreßtes Blumenmuster. Schwester Agatha lehrt uns Spiele, wir zeichnen, oder wir lernen Lieder: »Der Mai ist gekommen«, »Alle meine Entchen« oder »Hänschen klein«. Heute spielen wir mit Bausteinen und mit farbigen Stäbchen. So, nun legen wir mal ein Haus oder eine Kirche, und jetzt lernen wir ein neues Nachtgebet: »Müde bin ich, geh zur Ruh...«

Seit einigen Tagen setzt sich immer ein Mädchen neben mich. Was will die hier? Zuerst gefällt sie mir gar nicht. Sie ist zierlich und hat ein kleines Mäusegesicht. Aber sie trägt keine langen Strickstrümpfe wie die meisten, sondern weiße Kniestrümpfe, und man sieht ihre nackten Knie. Und sie trägt ein kurzes Faltenröckchen. Heute werde ich sie einmal ärgern. Ich werde mit ihr das machen, was immer der Jupp Steinmetz macht. Wenn man sich neben ihn setzen will, legt er heimlich seine große Faust auf den Sitz, und man setzt sich drauf. Dann spritzt man natürlich hoch, weil man nicht weiß, worauf man sich setzt, und er lacht sich tot. – Da ist sie ja schon. Sie lächelt mir zu, hebt das Röckchen hinten hoch, um sich zu setzen. Schnell schiebe ich meine Hand auf den Sitz mit dem Blumenmuster, komme nicht dazu, eine Faust zu machen, da sitzt sie schon auf meiner Hand. Jetzt muß sie aufspringen, denke ich, müßte sie, aber sie tut es nicht! Sie bleibt ganz ruhig auf meiner Hand sitzen. Mein Herz klopft, und ich versuche, unmerklich meine Hand herauszuziehen. Aber nichts zu machen. Und da ja niemand etwas merken darf, halte ich still, lasse meine Hand da, wo sie ist. Lange, sehr lange, und ich stelle erstaunt fest, daß es mir gefällt. Verstohlen schaue ich sie von der Seite an. Allmählich finde ich sie gar nicht mehr so häßlich, nein, eigentlich hat sie ein lustiges Gesicht, ja, sie gefällt mir immer besser. Da, ich hatte gar nicht aufgepaßt, irgendein Spiel hat begonnen, zu dem man in die Hände klatschen muß. Ganz schnell hat sie den kleinen Po etwas angehoben und meine Hand befreit.

Am nächsten Tag sitze ich auf meinem Stühlchen, da kommt sie schon; wieder der Griff mit beiden Händen zum Rocksaum, sie zögert deutlich, bevor sie sich setzt, gibt mir tatsächlich Zeit, meine Hand, Handfläche nach oben, auf den Stuhl zu legen. Dann setzt sie sich darauf. Vollkommen still und glücklich sitze ich da und denke: »Jetzt habe ich eine Freundin!« – Als Schwester Agatha verkündet, daß der Kindergarten für heute zu Ende ist, sitze ich benommen auf meinem Stuhl, während »sie« schon gegangen ist, und betrachte lange meinen Handrücken, auf dem sich das Blumenmuster der Sitzfläche tief eingeprägt hat, langsam ganz rot wird und dann allmählich verblaßt, um schließlich ganz zu verschwinden.

Bonbons und Tränen

Schon über ein Jahr vor dem Ausbruch des Krieges begann die Angst. Da gab es Luftschutzübungen, Probeverdunklung, immer öfter Probealarm der Stadtsirenen. Eine davon war auf dem Dach des Gefängnisses angebracht, genau gegenüber vom Marienhaus. Wenn sie aufheulte, war's so, als hätte man sie im Zimmer. Abends saß man immer häufiger zusammen in der Halle, und bei Kerzenschein wurde gebetet: »Lieber Gott, mach, daß es keinen Krieg gibt.«

Eines Abends herrschte draußen auf den Straßen große Aufregung. Man hörte Marschtritte, Kommandos, fernes Scheibenklirren, mehrere Male ging die Sirene, auch vor dem Gefängnis Schritte, Befehle und lautes Kommen und Gehen. Steff, das taubstumme Faktotum, lief aufgeregt herum und versuchte zu erzählen, was niemand verstand. Ich hatte ihn nie so aufgeregt gesehen, obwohl er sich oft ärgerte, wenn wir ihn frotzelten. Dann hob er zornig den Arm gen Himmel, guttural kam es aus seinem Mund: »Gott straft! Gott straft!« Jetzt versuchte er zu reden und zu mimen, was er wohl gesehen hatte. Die Synagoge brennt, bekam man schließlich heraus. Wir wären gerne hingelaufen, um das Feuer zu sehen, aber wir durften natürlich nicht aus dem Haus. Ich war ganz aufgeregt, und wir schliefen lange nicht ein. Durch das Fenster konnte man einen roten Feuerschein sehen, vom Entenpfuhl herüber, wo die brennende Synagoge stand. Am nächsten Morgen wurde ich wach, als mir Schwester Arimathäa ein Fieberthermometer in den Mund steckte. »Du gehst mir heute nicht in die Schule«, sagte sie streng, als sie auf das Thermometer geschaut hatte: »38 Fieber«, sagte sie kopfschüttelnd. »Diese ganze Aufregung.« Ich war der einzige, der im Bett bleiben mußte. Wenig später waren die anderen verschwunden, und ich war allein im Schlafsaal. Nur Schwester Arimathäa lüftete mit einem Dienstmädchen die Betten. Draußen war wieder Lärm auf der Straße. Ich sah die Schwester am Fenster stehen und hörte sie murmeln: »Die armen Menschen, die armen Menschen.« Ich kroch aus dem Bett, doch sie schimpfte nicht wie sonst: »Marsch ins Bett,

nicht mit nackten Füßen auf dem kalten Boden...« Ich kletterte neben ihr auf ein Bett
und schaute hinaus. Unten standen zwei Lastwagen. Männer in braunen und schwarzen
Uniformen trieben dunkle Gestalten aus dem
Gefängnis zu den Lastwagen, viele alte Leute,
die nur mühselig auf die Ladefläche klettern
konnten und die, wenn sie's nicht schafften,
brutal hinaufgestoßen wurden. »Die armen
Menschen«, murmelte die alte Schwester wieder und legte ihren Arm um meine Schulter.
Sie hatte eine große Warze am Kinn mit sta-
cheligen Haaren darauf, die aussah wie ein
kleiner Kaktus. Jetzt sah ich, daß sie weinte.
Ich fragte: »Was sind das für Leute?« Sie
sagte: »Das sind Juden.« Das sagte mir was.
Ich kannte einen Juden. Er war ein Sanitätsrat
und wohnte im Möhren, eine sehr würdige
Erscheinung. Er nahm oft den schmalen Weg
zwischen dem Spitälchen und der Hl. Geist-
kapelle, wo wir heimlich spielten. Wenn er
vorbeikam, blieben wir brav stehen und sagten: »Guten Tag, Herr Sanitätsrat!« Und er
antwortete freundlich: »Guten Tag, Kinder.«
Aber es war gar nicht lange her, da hatte man
uns gesagt: »Mit den Juden dürft ihr nicht
mehr reden.« Von da an sagten wir ihm nicht

mehr guten Tag. Ich hatte ein schlechtes Gewissen wegen meiner Feigheit, nur wenn ich allein war und ihn kommen sah, drückte ich mich an die Mauer, blickte nach rechts und links, ob mich auch keiner sah, und sagte leise: »Guten Tag, Herr Sanitätsrat.« Dann blieb er stehen, fuhr mir mit der Hand durch die Haare und sagte ebenso leise: »Guten Tag, mein Junge.« Er trug immer einen schwarzen Hut und einen schwarzen Mantel, aber er hatte nie den gelben Judenstern darauf. – So konnte ich mir etwas darunter vorstellen, als Schwester Arimathäa mir sagte: »Das sind Juden.«

Sie hatte ein Taschentuch, das sie immer im Ärmel trug, hervorgezogen, um die Tränen zu trocknen. Da fing auch ich an zu weinen.

Mittags kamen meine Kameraden zurück, ich war neugierig und schon wieder auf den Beinen. Sie waren ganz aufgeregt und sagten: »Du hast ja was verpaßt!«, und sie zeigten mir ihre Schulranzen, ihre Hosen- und Jackentaschen voller Süßigkeiten, Karamellen, Drops, Schokolade... »Das haben wir aus den Judengeschäften in der Marktstraße, keine Scheibe ist mehr ganz, wir brauchten nur hineinzuspazieren und uns zu bedienen.«

Das beste Stück

Draußen regnete es, so konnte ich nicht zum Spielen auf die Straße. Ich war allein zu Hause. Meine Mutter machte damals gerade die Schneidermeisterprüfung und war nach Koblenz gefahren. So spielte ich, obwohl das streng verboten war, in der Wohnung Fußball. Das Wohnzimmer war klein, es gab keine freie Wand, gegen die man den Ball hätte kikken können. Ich dribbelte mit dem Ball zwischen den Stühlen herum, hob ihn nur vorsichtig einmal auf den Fußrist, den Oberschenkel oder gar den Kopf. Dabei hielt ich immer das gefährdete Fenster und die Vitrinenscheibe des Buffets im Auge. Mir war jedoch entgangen, daß das Paradestück der Einrichtung, eine große Kristallschüssel, aus unerfindlichem Grunde nicht an ihrem Platz im Innern des Buffets, sondern draußen stand. Man ahnt es schon: ein verunglückter Kopfball landete senkrecht von oben in der Schüssel. Als ich den Ball herausfischen wollte, merkte ich zu meinem Entsetzen, daß das gute Stück ziemlich säuberlich in zwei Teile zersprungen war. Was tun? Zerknirscht meiner Mutter beichten? Den Gedanken verbannte ich gleich. Sah ich doch die unausweichliche Tracht Prügel auf mich zukommen, die zu verabreichen sie in gravierenden Fällen durchaus imstande war. Und die zerbrochene Schüssel war gewiß ein solcher Fall. Eine weniger schmerzliche Lösung mußte her. Wie, wenn ich die Schüssel in kleine Stücke zerschlug und verschwinden ließ? Aber da niemand sonst in die Wohnung kam, mußte der Verdacht unweigerlich auf mich fallen. – Sie ganz hinten im Schrank verstecken? Auch dies schien mir keine Lösung. – Schließlich kam mir die rettende Idee.

Über dem üblichen Platz der Schüssel unten im Buffet stand auf einem etwas zurückgesetzten Regal das Porzellan, cremefarbene Teller mit Goldrand, Schüsselchen und Tassen und Tellerchen. Ich zog den höchsten Stapel von Eß- und Suppentellern so weit nach vorne, daß ein Öffnen der Schranktür ihn nach vorn kippen lassen mußte. Ich probierte es aus, und in der Tat fiel mir der Tellerstapel entgegen, sobald ich die Tür aufmachte.

Schnell fing ich ihn auf und schob ihn in sein delikates Gleichgewicht zurück. Dann plazierte ich die zerbrochene Schüssel, die beiden Teile so unauffällig wie möglich zusammengeschoben, genau unter den Tellerstapel und schloß vorsichtig die Buffettür.

Meine Mutter war zurückgekehrt und bereitete das Abendessen zu. Als sie mir befahl »Teller auf den Tisch!«, schützte ich Vollbeschäftigung bei meinen Schulaufgaben vor und hielt den Atem an, als sie sich hinunterbückte und die Schranktür öffnete, um das Geschirr herauszunehmen.

Wie von mir geplant, kippten die ganzen Teller nach vorn und krachten zersplitternd in die Kristallschüssel, die zusammen mit einem Teil der Teller nun vollends zu Bruch ging. Ich sprang auf und trat hinter meine Mutter, die vor dem Scherbenhaufen kniete und wimmernde Laute des Bedauerns ausstieß.

Da sagte ich mit dem gleichen Vorwurf in der Stimme, den ich oft von ihr gehört hatte, wenn ich etwas zerbrochen oder falsch gemacht hatte:

»Kannst du denn nicht aufpassen!?«

Der Sehfehler

Im Frühjahr 41 verließen die meisten meiner
Freunde aus der Klasse die Volksschule an der
Ringstraße und gingen aufs Gymnasium. Ich
hatte durch eine Kundin meiner Mutter Elmar
V. kennengelernt. Er und auch sein älterer
Bruder waren Napolaner, Schüler einer Na-
tionalpolitischen Erziehungsanstalt. Diese
Schulen hatten die Nachfolge der verbotenen
Internate angetreten und waren neben den
Adolf-Hitler-Schulen die Kaderschmiede für
den Parteinachwuchs. Der Unterschied zwischen beiden war der, daß die Schüler der
Adolf-Hitler-Schulen ausgesucht wurden
und der Besuch kostenlos war. Für die Zulas-
sung zur NAPOLA mußte man sich bewerben.
Die Erzählungen Elmars und ein Propaganda-
film aus jenen Jahren, »Kopf hoch, Johannes«,
verfehlten nicht ihre Wirkung auf mich, und
im Mai fuhr ich also zu einer Prüfungswoche
zum Schloß Oranienstein bei Diez an der
Lahn. Körperliche Tüchtigkeit war wichtiger

als intellektuelle Fähigkeit. Auf die mündliche Fangfrage »Was kommt nach dem Dritten Reich?« war ich vorbereitet. Man durfte da auf keinen Fall antworten: »Das vierte Reich.« Dann war man durchgefallen. Die richtige Antwort mußte lauten: »Nichts, denn das Dritte Reich währt ewig.« Am meisten beeindruckte mich die gute Papierqualität der Schulhefte, die man für die schriftlichen Prüfungen an uns ausgab. Das Hauptprogramm waren jedoch Leistungsprüfungen in allen möglichen sportlichen Disziplinen und Mutproben, wie zum Beispiel ein Sprung aus zehn Metern Höhe in ein Sprungtuch. Die Woche verging wie im Fluge. Es gefiel mir in Oranienstein, und ich hatte schon neue Freunde gewonnen. Als meine Mutter mich abholte, war ich guter Dinge und ganz sicher, die Prüfung bestanden zu haben.

Meine Mutter hatte ein Gespräch mit der Schulleitung. Nach ein paar Minuten kam sie heraus, nahm mich bei der Hand und sagte: »Komm, wir gehen.«

Der Weg von Schloß Oranienstein zum Bahnhof nach Diez führte durch einen Wald. Unterwegs wollte ich natürlich das Ergebnis wissen. Meine Mutter druckste herum, und schließlich kam heraus: »Sie haben dich nicht genommen.« Für mich brach eine Welt zusammen, und ich weinte bitterlich. Wir saßen auf einer Bank im Wald. Als Grund für die Abweisung, so meine Mutter, hatte man angegeben, ich hätte einen Sehfehler auf dem linken Auge. Erst sehr viel später, nach dem Krieg, verriet mir meine Mutter den wahren Grund für die damalige Ablehnung: Auf unserem Sippenpaß waren zu viele weiße Flekken gewesen.

Der Kreisparteitag

Von klein auf liebte ich alles, was mit Musik zu tun hatte. Ich sang mit Leidenschaft und hätte gern – außer der ungeliebten Blockflöte – gelernt, ein Instrument zu spielen. So ist es auch nicht verwunderlich, daß ich bei der ersten Gelegenheit dem Fanfarenzug des Jungvolks beitrat. Eine alte, etwas verbeulte Fanfare war frei geworden. Ich besserte die Beulen aus, so gut es ging, und polierte sie mit Sidol auf Hochglanz. Zu Hause auf ihr zu üben, wurde mir nach einigen Versuchen in meiner Dachkammer verboten, so spielte ich den Steinen und Bäumen außerhalb der Stadt etwas vor, bis ich es mit den anderen Pimpfen aufnehmen konnte.

An Mittwoch- und Samstagnachmittagen hatten wir »Dienst«. Wir zogen hinaus ins Nette- oder Nitztal, bliesen und trommelten unsern Pflichtteil. Danach stellten wir unsere Instrumente beiseite und gingen zum gemütlichen Teil über. Ich steuerte mit Vorliebe defaitistische Witze bei, die im Umlauf waren und hinter vorgehaltener Hand erzählt wurden. Meine Spezialität war die Persiflage einer Hitlerrede, die ich von einem SS-Soldaten hatte, der von der Rußlandfront auf Heimaturlaub war: »Volksgenossen, Volksgenossinnen! Es muß einmal die Wahrheit gesagt werden: Wo derr deutsche Soldatt steht, kommt keine Verpflegung hin!«

Wir vom Fanfarenzug hatten die Aufgabe, bei allen möglichen Gelegenheiten den musikalischen Rahmen abzugeben. Bei Parteiversammlungen und Sportfesten, bei Aufmärschen und Begräbnissen. Im Laufe des Krieges wurden solche Veranstaltungen jedoch immer häufiger durch Fliegeralarm gestört und deshalb aufs Land, in die Dörfer verlegt. An einem Sonntag im Mai 1943 mußten wir zum Kreisparteitag nach Monreal, einem kleinen Dorf ein paar Wegstunden westlich von Mayen entfernt. Ich war wie immer erst in letzter Minute aufgestanden. Keine Zeit für Frühstück, Zähneputzen oder Klo. Ich rannte mit meiner Fanfare unterm Arm in Richtung Westbahnhof. Schon von weitem sah ich meine Freunde unten an der Straße vor dem Bahnhof mich mit Rufen und Gesten zur Eile antreiben, denn es war höchste Eisenbahn. Wir fuhren in einem kleinen Bummelzug mit Dampflokomotive, überfüllt und ohne Toilette, so daß während der Fahrt keine Möglichkeit für noch so dringliches Austreten bestand.

Auch bei der Ankunft in Monreal hieß es sofort: Antreten in Reih und Glied und Marsch zum Versammlungsort, einer Gastwirtschaft, in deren großem Saal die Feier stattfand. Unser Platz war auf einer winzigen Theaterbühne am Kopfende des Saales, geschmückt mit Maigrün und Hitlerfähnchen.

Gleich unterhalb der Bühne stand ein langer Tisch für die Parteioberen, die Goldfasane, wie man sie wegen ihrer goldbraunen Uniformen nannte. Wir Fanfarenbläser in der Mitte, die Trommler seitlich, so ergab es sich, daß ich genau über dem Oberbonzen zu stehen kam, von dem ich nur die glänzende Vollglatze sah.

Ich hatte immer noch keine Gelegenheit gehabt, mich zu erleichtern. Die üblichen langen Reden schienen mir heute länger denn je zu dauern. Ab und zu gaben wir eine musikalische Einlage. Ich brachte keinen Ton aus meinem Instrument, aus Angst, der Druck könne sich woanders entladen. Irgendwann hielt ich es einfach nicht mehr aus: Ich MUSSTE, egal, wie und wo! Meine Freunde rechts und links von mir hatten meine Not mitbekommen und feixten. Ich beschwor sie, meinen Rückzug aus dem ersten Glied zu decken. Sie schlossen die Lücke, während ich mich langsam auf die rechte Seite zu bewegte, in der Hoffnung, dort einen Ausgang und womöglich eine Toilette zu finden. Es war aber kein Ausgang da. Zudem war die Seitenbühne mit Dekorationsstücken vollgestellt, so daß an ein Verschwinden in Aufrechtstellung nicht zu denken war. Ich bückte mich also und kroch auf allen vieren in den verbleibenden, kleinen schrägen Raum, knöpfte auf und erleichterte mich. – Dann zog ich mich schleunigst vor dem sich ausbreitenden Naß zurück, richtete mich auf, stahl mich auf meinen Platz im ersten Glied zurück und bemerkte vor lauter Erleichterung nicht das Glucksen und Ellbogengeschubse zu meiner Rechten, bis ich den Anlaß sah: Vorn auf der Bühne bahnte sich ein schmales Rinnsal den Weg zur Mitte, floß langsam, aber unaufhaltsam auf die Bühnenkante vor mir auf den darunter befindlichen Glatzkopf zu, und jedesmal, wenn der sich auf dem Stuhl wippend nach hinten lehnte, zerplatzten auf der blanken Glatze ein paar Tropfen, die dann nach einem verwunderten Blick zur Decke mit einem Taschentuch abgewischt wurden.

Die Angst des Maulwurfs

Im Herbst 44 trieben uns die Luftangriffe immer häufiger in den Luftschutzbunker, den man in den letzten Kriegsmonaten nur noch selten verließ. Er wurde zur eigentlichen Wohnung für Tausende, die sich wie Maulwürfe nur selten herauswagten, um sich noch vor Morgengrauen in irgendeine Schlange zu stellen, in der Hoffnung, etwas Milch, Kartoffeln oder Brot zu ergattern, bevor der erste Fliegeralarm sie meist unverrichteter Dinge wieder in ihre unterirdische Behausung zurückscheuchte.

Als Bunker diente eine langgestreckte Basalthöhle. Der vordere Teil war in Form zweier langer Flure ausgebaut, mit Bankreihen zu beiden Seiten. Aber auch weiter hinten, im nicht ausgebauten Teil der Höhle, hatten sich einige Gruppen oder Familien häuslich eingerichtet. Mich zog es besonders in jenen Teil des Bunkers, denn dort wurde auf einem Plattenspieler verbotener amerikanischer

Jazz gespielt, es wurde geraucht und auch schon mal schwarzgehandelt. Es gab dunkle Ecken, in die sich verliebte Pärchen zurückzogen; ich fühlte mich von den gierig ergatterten heimlichen Genüssen magisch angezogen.

Einmal reparierte ich einem vollbusigen Mädchen, das mir gefiel, eine Dynamotaschenlampe und durfte zum Lohn dafür, so war's vereinbart, ihre nackten Brüste sehen. Nur wenn Bomben oben auf den Bunker krachten und von der Decke dicke Steinbrocken fielen, dachte man, daß es das Ende sei.

Ich hatte damals eine leidlich gute Stimme, und manchmal kam in den langen Abend- und Nachtstunden die Aufforderung durch die lange Sitzreihe: »Mario, sing doch mal was!« Und ich sang: »Mamatschi, schenk mir ein Pferdchen«, »Heimat, deine Sterne«. Viele sangen leise mit, und spät in der Nacht traute man sich, leise zu singen:

ES GEHT ALLES VORÜBER, ES GEHT ALLES VORBEI

ERST A-ha-dolf HITLER UND DANN DIE PARTEI!

Auf diese Weise bekamen viele Lieder einen aktuellen Text. Auf die Melodie von »Lilli Marlen« sangen wir:

ALLE LEUTE SOLLN ES SEHN
WENN WIR BEI DÖTSCHE SCHLANGE
STEHN...

(DÖTSCH war der Pferdemetzger) und »Heimat deine Sterne« bekam folgenden neuen Text:

HEIMAT DEINE TRÜMMER
DIE SONNE STRAHLT BIS ZUM ERSTEN
STOCK
UND IM KELLER LIEGEN ZERBROCHENE
TELLER
UND DER OPA SUCHT SEINEN SONNTAGS-
ROCK...

Hätte der Krieg noch ein paar Wochen länger gedauert, ich hätte sogar noch einen Orden bekommen. In den allerletzten Monaten des Krieges wurde ich als Melder eingesetzt. Ich bekam ein Fahrrad und mußte Meldungen von der Ortskommandantur, die sich im Landratsamt an der St. Veithstraße befand, zu verschiedenen Truppeneinheiten in der Eifel bringen. Da ich auf der Landstraße schon einmal von einem Tiefflieger beschossen worden war, ließ ich aus purer Angst die Straßen links liegen und ging querfeldein. Eines Tages schob ich mein Fahrrad durch den Wald und sah auf einmal hoch in einem Baum ein riesiges weißes Tuch: Ein Fallschirm! Unten, an einen Baumstamm gelehnt, erblickte ich zwei Gestalten. Für mich sahen sie aus wie von einem anderen Stern. Sie schienen mir riesig groß und strahlten etwas Fremdes, Reiches aus. Es waren zwei amerikanische Piloten. Sie trugen kostbare braune Lederjacken. Ich suchte in mir nach einem Gefühl der Angst und des Hasses, wie man es manchmal verspürt hatte, wenn die Bomberverbände herannahten und man ohnmächtig zu zittern begann. Aber seltsamerweise verspürte ich nichts anderes als eine aufgeregte Neugier auf diese fremden Wesen. Ich wollte unbedingt meine Englischkenntnisse an den Mann bringen und suchte nach dem passenden Satz. Mir war aufgefallen, daß einer der beiden ein verletztes Bein hatte. So fragte ich also: »Where are you in pain?«

Langsam bekam ich heraus, daß die beiden ein Offiziersgefangenenlager bei Montabaur im Westerwald suchten. Sie hatten jedenfalls mehr Angst als ich, und vielleicht mit Recht, denn man erzählte sich, daß abgeschossene Flieger von aufgebrachten Bauern mit Mistgabeln erstochen worden seien. Ich erklärte den beiden, daß sie sich nicht rühren sollten, ich hätte einen Freund, einen Unteroffizier, der könne sie mit seinem Wagen dahin fahren. Zurück in Mayen erzählte ich erst einmal niemand von meinen Amis. Meinen Unteroffizier, der tatsächlich existierte, sah ich nirgends. Abends brachte ich heimlich einen Topf Suppe aus der Gulaschkanone zu meinen neuen Freunden. Ich wollte die beiden einfach für mich behalten. Ich vertröstete sie, ich hätte meinen Unteroffizier noch nicht gefunden, und bat sie auszuhalten.

Erst am nächsten Abend traf ich meinen Freund und vertraute ihm mein Geheimnis an. Er wollte mir nicht glauben, aber schließlich kam er mit mir, er lud die beiden Amerikaner auf seinen Wagen und brachte sie schließlich zu jenem Lager. Ein paar Tage später traf ich ihn wieder, und er sagte:

»Du kriegst einen Orden.«

»Einen Orden?« erschrak ich. »Wofür?«

»Du hast ohne Waffe zwei amerikanische Offiziere gefangengenommen. Die hätten dich erschießen können!«

Ein paar Wochen später war der Krieg zu Ende, und so wurde nichts aus dem Orden. – Gott sei Dank!

Mein Kampf

Es muß der 7. oder 8. März gewesen sein. Ich schob Wache vor der ORTSKOMMANDANTUR. Auf einmal sah ich durch den Feldstecher auf der anderen Seite der Stadt, auf der Kelbergerstraße, Panzer, amerikanische Panzer, eins, zwei, drei, vier! Aufgeregt rannte ich in den Raum des Ortskommandeurs. Der saß beim Essen. Ich baute Männchen und schrie aus vollem Hals: »Herr Oberstleutnant, melde gehorsamst, vier feindliche Panzer auf der Kelbergerstraße!« Der kaute vornehm zu Ende, tupfte sich den Mund mit einer Serviette und sagte: »Leise, mein Junge, das ist doch kein Grund, so zu schreien.« Sprach's, stand auf, ging hinaus zu seinem Wagen, fuhr davon und ward nie mehr gesehen. Sein Adjutant hingegen, ein junger Leutnant, war ein ganz scharfer Hund. Durch mein Fernglas sah er sich die Panzer an, die immer noch da oben auf der Kelbergerstraße standen und bedrohlich ihre Türme schwenkten.

Plötzlich wurde auf dem Goloturm der Genovevaburg die Hakenkreuzflagge eingeholt und gleich darauf eine weiße Fahne gehißt. Der Leutnant fluchte und schrie ins Telefon: »Wer zum Teufel hat den Befehl gegeben, die Flagge einzuholen? Den Kerl lass' ich an die Wand stellen! Los! Runter mit dem weißen Fetzen und die deutsche Fahne hoch!«

Tatsächlich ging nach ein paar Minuten die weiße Fahne runter, die Hitlerfahne wieder hoch.

So ging es drei- oder viermal. Es müssen sich dramatische Szenen in der Burg abgespielt haben, wo einige couragierte Bürger mit den unbelehrbaren Durchhaltefanatikern um die Erhaltung der schon so sehr zerstörten Stadt rangen.

Jedermann wußte, daß sich die Amerikaner bei der geringsten Gegenwehr zurückziehen würden, um erst noch einmal ihre Bomber zu schicken.

Inzwischen ließ unser Leutnant den Volkssturm zusammentrommeln, ein erbärmliches Häuflein alter Männer und einer Handvoll Jungens wie ich. Die Waffenkammer wurde aufgeschlossen, und es wurden Gewehre und Panzerfäuste verteilt. Ich schulterte zwei Panzerfäuste, und unter dem Kommando meines Freundes, des Unteroffiziers, hieß es: »Ohne Tritt Marsch! Richtung Panzersperre Kelbergerstraße.« Aber schon nach ein paar hundert Metern sagte mein Unteroffizier: »Das Ganze halt! Waffen vorsichtig nach rechts in die Büsche! So, und jetzt ist für uns der Krieg zu Ende. Und ihr«, er wandte sich an uns Jungen, »ab nach Hause zu Mutti! Und zieht die Uniformen aus!«

Ich lief nach Hause, zog meine Uniform aus und warf sie in den Bach hinter unserem Haus, zusammen mit meinem Fahrtenmesser und einem Buch: »MEIN KAMPF«.

Faustrecht

In den Hungerjahren der Nachkriegszeit war das Hamstern die wichtigste Beschäftigung. Man fuhr in überfüllten Bummelzügen aufs Land und war froh, wenn man abends mit irgend etwas Eßbarem nach Hause kam, ein paar Pfund Kartoffeln, die man auf einem Akker »organisiert« hatte, kein Mensch nannte das Stehlen, einem Liter Milch oder gar einem viertel Pfund Butter...

In unserer Stadt hatte sich eine Straßenbande gebildet, und diese Burschen machten sich ein Vergnügen daraus, mir das Gehamsterte, das ich mit Händen und Füßen verteidigte, abzunehmen und mich obendrein zu verprügeln. Ich mußte etwas dagegen tun und beschloß, boxen zu lernen.

Als ich in die Sporthalle kam, in der die Mitglieder des einzigen Boxklubs am Ort trainierten, fand ich dort fast vollzählig jene Straßenbande wieder, gegen die ich mich zu schützen geplant hatte.

»Was suchst du denn hier?« fragte mich ihr Anführer.

»Ich will boxen lernen!« verkündete ich. So wurde ich denn erst einmal von den gleichen Burschen, diesmal jedoch im Boxring und mit Boxhandschuhen und nach allen Regeln der Kunst, zusammengeschlagen.

»So, der kommt nicht mehr wieder!« hörte ich einen von ihnen sagen. Doch ich kam wieder, wurde noch mal verprügelt und noch mal. Aber ich lernte nicht nur einzustecken, ich machte Fortschritte und begann allmählich auch auszuteilen, bis ich es eines Tages dem einen oder anderen meiner Peiniger heimzahlen konnte.

Auch in der Schule waren mir in letzter Zeit einige meiner Klassenkameraden buchstäblich über den Kopf gewachsen, so daß ich meine Rolle als Klassensprecher gefährdet sah. Zusammen mit Herbert Fett, dem Klassenprimus, der in jenen Zeiten des Mangels zwei Paar Boxhandschuhe besaß, führte ich in der Schule das Boxen als fairen Weg, private Auseinandersetzungen auszutragen, ein.

Wir organisierten sogar eine Art Schulmeisterschaft. Ich sollte auf den Vertreter der Schulklasse unter mir treffen, der war ein

Crack in allen Sportarten und ein wahrer Hüne. In diesem Aufeinandertreffen steckte aber auch private Brisanz, denn mein Gegner war in letzter Zeit mein Rivale bei einer Klassenkameradin, unserer Schulschönheit. Der Kampf fand in unserem Klassenzimmer statt. Nach dem Unterricht wurden die Schulbänke als Zuschauertribüne aufgestapelt, es wurde ein provisorischer Ring gebaut, und los ging's. Mein Gegner war viel stärker als ich, also mußte ich vermeiden, genaue Treffer einzufangen. Ich tänzelte um ihn herum, und es gelang mir, seine Nase zu treffen, die sofort anfing zu bluten. Am Ende der ersten Runde schaute ich triumphierend in die Richtung unserer gemeinsamen Angebeteten. Ich verstand die Welt nicht mehr: Statt eines vor Bewunderung dahinschmelzenden Blicks traf mich ein vernichtender Bannstrahl aus ihren Augen, während sie aufstand und ostentativ den Raum verließ. Ich ging zu meinem Gegner, der in der anderen Ringecke dabei war, sein Blut zu stillen, und fragte ihn großzügig, ob wir nicht aufhören sollten. Er nickte, ohne das Taschentuch von seiner Nase zu nehmen. Unser Publikum buhte wegen des schnellen Abbruchs, ich aber rannte meiner davoneilenden

Jugendliebe hinterher, doch sie würdigte mich keines Blicks mehr und sagte nur: »Du roher Kerl, ich will dich nie mehr sehen.«

Es gab natürlich noch andere, die meine boxerische Betätigung nicht gerne sahen, zum Beispiel meine Mutter, die mit Sorge beobachtete, wie die »römische Nase«, die sie mir »mitgegeben« hatte, ihre Form verlor.

In der Schule war Dr. Brodmühler, den wir liebevoll »Bömm« nannten, ein überzeugter Pazifist und Gegner aller Gewalt. Wenn ich an einem Wintermorgen mit einer Sonnenbrille auf der Nase in meiner Schulbank saß, sagte er: »Adorf, nehmen Sie diese Brille ab.« Ich wehrte mich: »Ich habe eine Bindehautentzündung.«

»Isch jlaube vielmehr, daß Sie mal wieder ein Veilchen vor mir verstecken wollen, nehmen Sie sie ab.«

Und es folgte unweigerlich eine brennende Anklagerede gegen das primitive und unmenschliche Boxen. Hingegen war ein anderer Lehrer, Studienrat Boden, von uns »Willi« genannt, mein Fan. Als er mich einmal auf der Straße traf, fragte er: »Wann boxen Sie wieder? Ich habe Sie neulich im STERNGARTEN gesehen, Sie haben Pech gehabt.«

Als ich in Mainz studierte, trat ich der Studentenboxstaffel bei. Wir trainierten auf dem Dachboden des Studentenwohnheims unter Leitung des großartigen Sportprofessors Dr. Benno Wischmann und des Boxtrainers Bobba Roth.

Im zweiten Semester stand ich bei den Universitätsboxmeisterschaften im Endkampf der Mittelgewichtsklasse. Mit gerade 75 Kilo Gewicht war ich praktisch unterernährt und traf mit zitternden Knien auf einen drahtigen, weißblonden Boxer von der Uni Köln. In der dritten Runde hörte ich auf einmal aus weiter Ferne die Stimme des Ringrichters: vier, fünf, sechs... Ich kniete auf dem Ringboden. Ich schaute rüber zu Bobba in meiner Ecke. Er machte mir ein beruhigendes Zeichen, bis acht unten zu bleiben und mich auszuruhen, dann ging es weiter.

Am Abend gab es in der Mensa eine Meisterschaftsfeier.

»Na, wie geht's?« fragte mich freundlich ein blonder Typ. Ich sagte: »Gut«, was nicht ganz stimmte, denn mir brummte der Schädel von dem erlittenen Niederschlag.

Es war mein Endkampfgegner vom Mittag,

aber ich konnte mich nicht an ihn erinnern, auch nicht an den Kampf.

Eines Tages waren einige Boxer der Mainz-05-Staffel bei uns zu Gast beim Training in der Uni. Es gab ein paar Sparringskämpfe.

Auf einmal hörte ich, ich war in einer Ecke beim Seilspringen, einen unheimlich lauten Bums. Ich drehte mich um und sah einen Freund aus unserer Staffel am Boden. Es war ein Betonboden, denn es gab damals keinen Teppichbelag in der Halle. Wir liefen erschrocken zu dem am Boden röchelnden Kameraden. Ich wußte, daß er unmittelbar vor seinem mündlichen Staatsexamen stand. »Hoffentlich«, dachte ich, »ist nichts mit seinem Gedächtnis.«

Er kam zu sich, und etwas später ging ich mit ihm unter die Dusche. Er fragte: »Bin ich auf den Hinterkopf gefallen?«

»Nein, nein«, suchte ich ihn zu beruhigen.

»Ich habe nämlich einen Cousin, der ist beim Boxen auf den Hinterkopf gefallen, und der ist jetzt blind.«

Nur einen Augenblick später fragte er wieder: »Bin ich auf den Hinterkopf gefallen?« Ich bekam es mit der Angst.

»Nein, nein«, versicherte ich, »bist du nicht.«

»Ich hab nämlich einen Cousin, der ist…«

Während wir noch unter der Dusche standen, hat er mir die gleiche Geschichte fünfmal erzählt… Er hat übrigens sein Examen mit Sehr gut bestanden.

Mein letzter Boxkampf fiel auf den Tag genau mit meiner ersten Premiere im Studententheater zusammen. Meine Boxerfreunde wußten nichts von meiner Theaterpremiere, und meinen Theaterkollegen hatte ich nichts über meine Uni-Boxmeisterschaft erzählt. Ich fuhr an jenem Sonntag zu den Endkämpfen nach Frankfurt, um diesmal im Schwergewicht auf meinen Finalgegner zu treffen. Der kam aus Marburg, wog über hundert Kilo und maß an die zwei Meter. Wieder kam es darauf an, ja keinen harten Treffer einzufangen. – Stop! Verwarnung wegen zu tiefen Abduckens. Wenn ich nur das Kinn runter an die Brust nahm, war ich schon unter seiner Taille. Schon wieder eine Verwarnung fürs gleiche Delikt. Es gelang mir, eine Reihe guter Treffer zu plazieren, was dem Riesen nichts auszumachen schien. Am Ende hatte ich mein Ziel er-

reicht. Ich war, ohne einen einzigen wirksa-
men Treffer zu kassieren, über die Runden gekommen, hatte wegen der Verwarnungen jedoch den Kampf verloren.

Im Zug zurück nach Mainz haderte ich ein
wenig mit dem Theater. Ohne die blöde Premiere hätte ich den Kampf gewonnen!
Abends im Theater war der Boxkampf vergessen. Ich hatte zum ersten Mal am Erfolg auf
anderen Brettern geschnuppert, ohne ein
blaues Auge zu riskieren.

Der Mäusetöter

In meinem ersten Semester an der Mainzer Universität hatte ich eine Unzahl von Studienfächern belegt. Doch wie für die meisten Studenten jener Nachkriegsjahre war für mich ein Hauptfach die Hungerbekämpfung, denn man merkte sofort, wenn es an der zum Lernen nötigen Kalorienaufnahme fehlte: Man fiel während der Vorlesungen unweigerlich in längere Schlafperioden. Aber immerhin konnte man – USA sei Dank – nicht ganz verhungern. Denn da gab es die HOOVER-Speisung. Für zwei Mark im Monat konnte man mittags, mit Kochgeschirr und Löffel bewaffnet, zur Gulaschkanone pilgern. Wenn man auf dem Weg dorthin Zurückkommende nach dem Speisezettel fragte, kam im Chor die Antwort: »Was es gibt, ihr könnt es raten: wieder Nudeln mit Tomaten!« Nur an Sonntagen stellte ich die schwierige Überlegung an: Studentenmenu für eine Mark und fünf Pfennige oder Kino für eine Mark?

Im ersten Mainzer Studienjahr war ich im Fort Gonsenheim untergebracht. Das war eine vom Krieg übriggebliebene Barackensiedlung, vier Kilometer von der Uni an der Straße nach Gonsenheim gelegen. Ich wohnte in einer »Stube« zusammen mit drei lustigen Burschen aus dem Ruhrpott. Wasser gab es nicht, es lief dafür an den Wänden herunter. Die Brüder Castor waren die »Lagerältesten«, sie waren im Krieg gewesen und wirkten auf uns wie alte Männer.

Eines Tages lief ich Paul Castor über den Weg, und er fragte mich: »Willst du dir mal richtig den Bauch vollschlagen?«

Mir lief das Wasser im Mund zusammen.

»Klar! Wo?«

»In der Küche. Aber das ist mit einem Job verbunden. Da ist eine Ladung CARE-Pakete aus Amerika angekommen, lauter Biscuits.«

»Und was ist der Job?«

»Die müssen sortiert werden. Komm, ich zeig' dir's.«

Er führte mich in die Großküche des Barakkenlagers. Dort wurden in drei großen Kesselöfen Kakao und Suppen für die Mainzer Schulspeisung gekocht. Jetzt, am Nachmittag, war die Küche leer, nur ein Ofen brannte noch. Mitten in der riesigen Küche stand ein hoher Stapel Pappkartons. Vor den brennenden Ofen hatte man zwei enorme Zinkwannen gerückt. Dann war da noch ein Holzklotz, ein niedriger Schemel und eine Kohlenschaufel.

»Was ist denn nun mein Job?« wollte ich wissen. Statt einer Antwort holte er eine der Schachteln vom Stapel, setzte sich auf den Schemel, riß den Deckel der Schachtel auf, da sprang ihm schon eine Maus entgegen, die er mitten im Sprung packte, das Vorderteil auf den Klotz legte: Bumms, mit der Kohlenschaufel draufschlug und dann in die Feuerungsöffnung des Ofens warf.

Ich war starr vor Entsetzen. Er lachte und übergab mir das Mordinstrument.

»Siehst du, das ist dein Job, erst entmausen, dann die guten Plätzchen in die linke Wanne, die angeknabberten oder sonst nicht ganz einwandfreien in die rechte Wanne. Und immer wenn du Hunger hast, eins in dein Maul. Das ist die Bezahlung.«

»Das kann ich nicht«, stotterte ich.

»Natürlich kannst du das, du wirst dich ganz schnell daran gewöhnen.«

Damit ließ er mich allein. –

Lange stand ich tatenlos in der großen Küche. Ich erinnerte mich an Mayen. Dort hatte, gleich nach dem Krieg, Öhm Jupp, unser Hausherr, in der halbzerstörten Garage einen Stall für Pferde und allerlei Kleinvieh eingerichtet. Ich half aus als Stallknecht, mußte ausmisten und das Vieh füttern. Im Hühnerstall entdeckte ich eines Morgens ein totgebissenes Küken, am nächsten Morgen wieder eins: Eine Ratte! Man stellte Fallen auf, es half nicht. Es wurde eigens eine Art Kaninchenstall mit extra dickem Draht für die Küken gebaut. Doch am nächsten Morgen hatte die Ratte den Draht durchgebissen und sich zwei Küken geholt. Eines Morgens betrat ich den Stall, mein erster Blick galt dem Kükenkäfig: nichts, der Draht war intakt, aber die Rattenfalle davor war verschwunden. Ich fand sie zugeschnappt, aber leer in einer Ecke. Ich nahm eine Schaufel und machte mich auf die Suche nach der Ratte. Nichts. Plötzlich bewegte sich etwas an der Türscheibe, eine Handbreit von meinem Kopf: ein riesiger, nackter, roter Rattenschwanz! Ich erstarrte, hob dann langsam den Blick und schaute aus knapp zwanzig Zentimeter Entfernung in das aufgerissene Maul der größten Ratte, die ich je gesehen hatte und die mich mit einem fast menschlichen Ausdruck des Hasses und der Angst anstarrte.

Ich fühlte, wie sich mir die Haare sträubten.

So blieben wir vielleicht eine halbe Minute Auge in Auge. Dann kam eine verzweifelte Wut über mich, ich dachte an all die toten Küken, hob ganz langsam die Schaufel und rammte sie ihr mit einem Schrei unter den Kopf. Sie ließ sich runterfallen, versuchte sogar, mich anzuspringen. Mit einer Mischung aus Angst und Wut schlug ich auf sie ein, bis sie sich nicht mehr rührte.

Da saß ich nun auf dem Schemel, mit der Kohlenschaufel in der Hand und dachte an jene Ratte. Aber die hatte ich gehaßt! Was hatten mir die armen Mäuse getan?

Ich mußte mich anders motivieren, an die Schulkinder denken, die auf diese Plätzchen warteten... Die Mäuse mußten weg! Ich litt Höllenqualen vor dem ersten Griff in den Karton, vor dem ersten Schlag auf die erste Maus. –

Zwei Stunden später war ich auf dem besten Wege, mich zu einem perfekten Mäusetöter zu entwickeln. Ich tötete mit System, ganze Mäusefamilien, acht, zehn rosafarbene Mäusebabys packte ich mit einem Griff bei den Schwänzchen und killte sie mit einem Schlag.

Bald erwischte ich mich beim Pfeifen oder Singen, während ich rhythmisch zuschlug, dann rein in den Ofen damit, dann wieder Plätzchen ausmustern, die guten in die linke Wanne, die schlechten in die rechte Wanne und ab und zu ein besonders knackiges in meinen Mund. Nur einmal kam ich aus dem Takt, als eine brennende Maus wieder aus dem Ofen sprang, mit kleinen, piepsenden Schreien durch die Küche zickzackte und ich, mit der Schaufel nach ihr schlagend, hinter ihr herlief, um sie endgültig zu erlösen.

Kumpel

Während der Semesterferien arbeitete ich beim Mainzer Caritas-Verband als Sozialarbeiter in der Kinderfürsorge. Meine Aufgabe bestand darin, unter Aufsicht des Jugendamtes stehende Kinder zu betreuen. Das hieß, diese bei ihren Familien zu besuchen, um behördliche Auflagen zu kontrollieren. In der Mainzer Altstadt herrschten damals noch Nachkriegsverhältnisse. Vielköpfige Familien hausten in halbzerstörten Häusern, in Kellern oder in Baracken in Hinterhöfen. Es herrschte Hunger, und daher blühten Schwarzhandel und Prostitution. So hatte ich melden müssen, daß eine Prostituierte ihre beiden drei- und fünfjährigen Kinder noch spätabends auf die Straße schickte, wenn ein Kunde auftauchte.

In jenen Tagen wurde Mainz von einer Grippewelle heimgesucht, und ich fand mich über Nacht zum Leiter nicht nur der Kinder-, sondern auch der Männer- und Gefangenenfürsorge befördert.

Zweimal in der Woche mußte ich zur Mainzer Strafanstalt, wurde dort von Zelle zu Zelle geführt, um die unterschiedlichsten Wünsche entgegenzunehmen, vor allem aber die unglaublichsten menschlichen Schicksale anzuhören.

Die erstaunlichste Erfahrung war, daß die Strafanstalt eigentlich überflüssig war, denn sämtliche Gefangene saßen unschuldig ein, wollte man ihnen Glauben schenken; alle waren sie arme Opfer schreiender Justizirrtümer. Auch im Benehmen entsprach keiner dem Bild, das ich mir vom harten, eingefleischten Knastbruder gemacht hatte. Erst recht nicht Willi. Immer wenn ich ihn sah, in seiner Zelle oder wie er den Flur schrubbte, beteuerte er seine Unschuld. Den Wärtern gegenüber benahm er sich geradezu unterwürfig. Seit vier Jahren saß er die Strafe für sein nicht begangenes Verbrechen ab. Seine kleine Tochter hatte er nur auf einem Foto gesehen, das er mir jedesmal zeigte, und seine Frau hatte ihn jetzt schon seit über einem Jahr nicht mehr besucht, nicht einmal zu Weihnachten.

Auch sein Kumpel Heini, mit dem er über zwei Jahre lang eine Zelle geteilt und der bei seiner Entlassung versprochen hatte, bei ihm zu Hause nach dem rechten zu sehen, hatte sich nie mehr gemeldet. Willi weinte jedesmal, wenn er mir seine Geschichte erzählte. Ich hatte Mitleid mit ihm, und obwohl mir die Gefängnisfürsorge inzwischen nicht mehr oblag, nahm ich mir vor, für ihn etwas zu tun. Eines Tages stand ich vor Willis Wohnungstür. Ich drehte an einer Art Fahrradklingel. Ein Mann öffnete. Ich fragte nach Willis Frau, und er ließ mich wortlos eintreten. Eine etwas schlampig aussehende Frau saß auf einem Stuhl und stillte ein Baby. Ich erzählte, wer ich war und warum ich gekommen war. Es stellte sich heraus, daß der Mann Willis Kumpel Heini war. Er hatte Willis Bitte, sich um seine Frau zu kümmern, wörtlich genommen und sich so sehr gekümmert, daß die beiden auch schon für weiteren Nachwuchs gesorgt hatten. Als ich Willis eigene Tochter sehen wollte, führte mich Heini in die Schlafkammer, und auf dem ungemachten Bett lag ein mageres, mit Geschwüren bedecktes drei- oder vierjähriges Mädchen. Als ich versuchte, den beiden Vorhaltungen zu machen, schwieg Willis Frau verbissen. Heini hingegen meinte: »Dann geh doch zu Willi und erzähl ihm alles. Frag ihn aber auch gleich, ob es ihm lieber ist, daß seine Frau auf den Strich geht oder daß ich für seine Familie sorge. Schließlich waren Willi und ich im Knast wie zwei Brüder, und unter Brüdern teilt man eben die Sorgen und notfalls die Frau!«

Wie konnte ich Willi das alles behutsam beibringen?

Als ich ihn das nächste Mal sah, lief er mir freudig erregt entgegen, und bevor ich noch etwas sagen konnte, erzählte er mir, daß er begnadigt worden sei und am nächsten Samstag entlassen werde. Er war so euphorisch, daß ich es nicht über mich brachte, ihm die familiären Neuigkeiten mitzuteilen.

Ich war jedoch zur Stelle, als er samstags gegen Mittag aus der Haftanstalt ins Freie trat. Ich hatte mir aus meiner schmalen Kasse etwas eingesteckt und lud Willi ein, in einer Kneipe auf seine Freiheit anzustoßen. Bei der Gelegenheit wollte ich ihm schonend die Wahrheit beibringen. Doch Willi schlug meine Einladung aus und drängte darauf, nach Hause zu kommen. Wie ich es auch drehte, es gelang mir nicht, ihm die Situation klarzumachen. Ich merkte hingegen, daß Willi versuchte, mich loszuwerden. Da ich jedoch eine Katastrophe voraussah, ließ ich mich nicht abschütteln. Ich trug ihm seinen schweren Seifenkarton, dessen Kordel mir allmählich die Finger abschnürte. Wir kamen schließlich bei seiner Wohnung an. Willi drehte den Klingelknopf und trat aufgeregt von einem Fuß auf den andern. Als sich die Tür öffnete, stand sein Kumpel Heini da und machte große Augen. Willi aber fiel ihm mit einem Freudenschrei um den Hals: »So eine Überraschung! Das find ich aber toll, daß du zu meiner Entlassung hergekommen bist.« Willi wandte sich zu mir und bedankte sich, daß ich Heini aufgetrieben und eingeladen hätte. Bevor ich das Mißverständnis aufklären konnte, stürzte er an mir vorbei in die Wohnung, um seine Frau zu begrüßen. Es dauerte lange, bis er begriff, daß die beiden merkwürdig wenig Begeisterung zeigten und daß das Baby nicht seine Tochter sein konnte. Seine Augen suchten in der Wohnung herum, dann stürzte er ins Schlafzimmer und kam bald mit dem kranken Mädchen auf dem Arm zurück. Er ging auf Heini zu und sagte voller Verachtung: »Du Sau, du bist mir ein schöner Kumpel! Raus hier, oder ich bring dich um!« Er trug das Mädchen ins Schlafzimmer zurück, und dann erst kam der erwartete Ausbruch. Er wollte sich auf Heini stürzen, ich hielt ihn zurück. Willi schrie: »Raus hier, aber dalli!« Da griff seine Frau kühl in das Geschehen ein: »Wenn Heini geht, gehe ich auch, und wenn ich gehe, gehen auch meine Kinder und meine Möbel.«

»Dann eben raus mit euch allen!« heulte Willi, »raus samt den Möbeln und dem Bankert. Aber meine Tochter bleibt hier.«

Seine Frau schickte Heini, einen Möbelwagen zu besorgen und ein paar Freunde zum Helfen mitzubringen. Sie begann sofort methodisch, Dinge einzupacken. Willi hatte sich beruhigt. Bald kam Heini mit ein paar Männern zurück.

Willi saß teilnahmslos auf dem einzigen von ihm behaupteten Möbelstück, einem wackligen Stuhl, und wiegte seine kranke Tochter auf den Knien, während Heini und seine Freunde Möbel und Kisten und Kästen an ihm vorbei aus der Wohnung trugen. Willis Frau stand mit dem Baby auf dem Arm an der Tür und gab dabei trockene Anweisungen. Dann ging sie wortlos hinaus, gefolgt von Heini, der im Vorbeigehen Willi verstohlen auf die Schulter klopfte.

Ich hatte mich schon um eine Arbeit für Willi bemüht und sagte zu ihm: »Am Montag bekomme ich von dem Sägewerk Bescheid, die wollen dich nehmen – aber das Wichtigste, du brauchst Möbel, zumindest für heute nacht ein Bett für deine Kleine.« Ich erinnerte mich, daß ich im Lager des Caritas-Verbandes Kinderbetten gesehen hatte. Ich verließ die Wohnung, drückte mich an den Möbeln vorbei, die noch im Treppenhaus herumstanden. Vor dem Haus hielt ein klappriger Lastwagen, sicher zu klein für all das Gerümpel. Leute aus der Nachbarschaft hatten sich eingefunden und verfolgten mit spöttischen Bemerkungen das Verladen des Hausrats.

Es wurde schon dunkel, als ich mit einem eisernen, zusammenklappbaren Kinderbett samt Matratze auf dem Rücken vor Willis Haus ankam. Als ich die ersten Treppen hochstieg, hörte ich aus einem der oberen Stockwerke laute Musik und betrunkenen Gesang. Auf der letzten Treppe zu Willis Wohnung wurde mir klar, daß der Lärm von dorther kam. Ich stellte keuchend das Bettchen ab, drehte mehrere Male an der Türklingel, die offenbar keiner hörte.

Ich klopfte ein paarmal mit der Faust an die Tür. Endlich wurde aufgemacht. Einer von Heinis Freunden stand in der Tür. In der

Wohnung herrschte Jubel, Trubel, Heiterkeit. Die Möbel waren wieder an ihrem Platz, Willis Frau war wieder da, Kumpel Heini war da, dazu noch eine Menge anderer Leute, kistenweise Bier und laute Schallplattenmusik. Man feierte Willis Entlassung aus dem Knast. –

Da stand ich nun mit meinem Bettchen. Kumpel Heini kam zur Tür. Er war ziemlich betrunken und musterte mich feindselig. »Schaut mal, wer hier ist«, rief er in die Wohnung hinein. Jemand stellte die Musik ab. Willi und noch ein paar andere kamen, Bierflaschen in der Hand, zur Tür.

Ich erkannte Willi kaum wieder, das war nicht der sanfte, nette Willi aus dem Knast, auch nicht der traurige, verzweifelte vom Nachmittag. Das war ein lauter, betrunkener und verwegener Willi, der nun schrie: »Der Caritas-Fritze, ich werde verrückt! Hau bloß ab, und laß dich hier nie wieder sehen!«

Damit gab er dem Kinderbettchen einen Tritt, daß es die Treppe hinunterpolterte und auseinanderfiel. Die Freunde lachten grölend, und Willi und Heini, den Arm um des andern Schulter gelegt, stimmten in das Gelächter ein.

Ich drehte mich um und ging langsam die Treppe hinunter.

Die Pfeife

Während der Fastnachtszeit lud mich ein Sportsfreund des Mainzer Boxklubs zu einem Ball ein. Da ich kein Kostüm besaß, sagte er: »Dann gehst du eben als Max Schmeling!«, und er lieh mir Sachen aus seinem Boxerfundus: Shorts, einen roten Bademantel, wadenhohe Boxerstiefel, um den Hals hängte er mir ein Paar alte Boxhandschuhe und ein Handtuch. Ich schminkte mir ein »blaues Auge«, klebte ein großes Pflaster über eine Augenbraue, und fertig war die Maske! Und fertig war das Kostüm! Auf dem Ball stellte es sich jedoch als recht unbequem heraus, beim Tanzen schwitzte ich wie ein Pferd, außerdem fühlten sich irgendwelche Leute laufend herausgefordert, sich mit mir zu schlagen. Dennoch hatte sich im Laufe des Abends ein kleiner Flirt mit einer maskierten, temperamentvollen »Carmen« angebahnt. Gerade suchte ich sie wieder einmal im Tanzgewühl, als ich plötzlich mit meinen glattsohligen Boxer-

schuhen auf der steinernen Saaltreppe aus-
rutschte und so unglücklich aufschlug, daß
sich der ganze Saal um mich drehte, als ich
aufstand. Als letztes sah ich einen bunten
Kreisel mit einem schwarzen Loch in der
Mitte, in das ich hineinfiel.

Als ich wieder zu mir kam, lag ich auf einem
Tisch. Man hatte mich in einen Raum ge-
bracht, in dem Wachmänner und Gardero-
benfrauen um mich herumstanden. Dann sah
ich ein Gesicht mit ungewöhnlich blauen Augen nah über mir, das fragte, wie es mir ginge
und ob man einen Arzt rufen sollte. Nein, ich
wollte keinen Arzt, bitte nicht. An ihrem Kostüm erkannte ich meine Carmen. Sie schlug
mir vor, mich nach Hause zu begleiten, doch
ich konnte sie ja nicht gut in die Baracke mitnehmen, in der ich hauste. Später saßen wir in
einem Weinkeller. Ich erfuhr, daß sie verhei-
ratet war, mit einem Rechtsanwalt, einem sehr
viel älteren, »aber sehr lieben Mann«. Er sei
ein leidenschaftlicher Jäger, lasse sie daher
häufig allein, besonders an den Wochenenden
während der Jagdsaison. – Nein, sie habe
keine Kinder, leider. Aber eine kleine Mode-
boutique in der Altstadt halte sie unter der
Woche auf Trab.

An einem der nächsten Tage besuchte ich sie dort. Sie lud mich am Wochenende zu sich zum Essen ein. Ich nahm mit Freude an und saß am Samstagabend zum ersten Mal bei Kerzenschein vor einer reich gedeckten Tafel. Mein Heißhunger auf die ungewohnten feinen Speisen rührte meine Gastgeberin, die selbst gekocht hatte und auftrug, da Köchin und Dienstmädchen ihren freien Abend hatten. Das war praktisch, denn so konnte ich etwas später ungestört die logische Gegenleistung erbringen, der ich mich oben im Schlafzimmer mit Hingabe widmete. –

Einige Wochenenden darauf hatte ich mich in meinem Übereifer zu früh in der Nähe der Villa eingefunden. Das verabredete Zeichen war die erloschene Laterne an der Garagenausfahrt; sie brannte, also war der Ehemann noch im Hause. Es hatte geschneit, und ich stand, viel zu leicht angezogen, an der Straßenecke, von der aus ich den Eingang zur Villa im Auge behalten konnte.

Ich war blaugefroren, als der Wagen mit dem Hausherrn auf die Straße zurückstieß und mit sanften Schneekettenknirschen am Ende der Allee verschwand. Prompt erlosch das Licht über der Garage.

Nach der Begrüßung galt mein erster Gedanke diesmal nicht dem Essen; mit steifen Schritten stieg ich die Treppe hinauf, zog mich im Schlafzimmer aus und schlüpfte ins breite Bett. Meine Freundin war von meiner Eile entzückt, bald lag sie neben mir und rubbelte mich warm. Die ersten Zärtlichkeiten waren kaum ausgetauscht, als unten die Haustür geräuschvoll geöffnet wurde. Der Mann war zurückgekehrt. Seine Frau sprang erschrocken aus dem Bett, warf sich einen Hausmantel über, rannte hinaus und antwortete dem Rufen des Gatten, der ihr erklärte, daß er seine Pfeife vergessen habe, seine Lieblingspfeife, und ein ganzes Wochenende ohne eben jene Pfeife... Die Frau stürzte zurück ins Schlafzimmer, nackte Panik in den Augen. Sie raffte meine Kleider zusammen, drückte sie mir, der ich noch kerzengerade im Bett saß, samt Schuhen in die Arme, lief zum Fenster, öffnete es, deutete hinaus und flüsterte: »Spring!«

Ich stand auf, näherte mich dem Fenster, ein eiskalter Luftzug traf meinen nackten Körper. Ich lehnte mich hinaus und erschrak. Das waren ja gute fünf Meter bis hinunter in den Garten; selbst wenn der Schnee den Aufprall etwas mildern könnte, sah ich mich mit gebrochenem Knöchel im Schnee liegen, sah, wie ich mich durch den endlosen Garten schleppte und – unfähig, über die hohe Mauer zu klettern – erfror. Auf einmal wurde mir das Lächerliche meiner Situation klar, ein trotziger Stolz bäumte sich in mir auf, der sich auch von dem Gedanken an die Schande, in die ich die entdeckte Ehebrecherin stürzen würde, nicht beirren ließ. Ich warf meine Kleider auf den Boden, sprang zurück ins Bett, zog die Decke hoch bis zum Kinn und erklärte fest: »Ich springe nicht!« Die Frau schlug die Hände über dem Kopf zusammen, lief wieder aus dem Zimmer und setzte draußen den Dialog mit dem Gatten fort. Da hörte ich einen Hund die Treppe hochhecheln, sicher eine bissige Riesendogge, die mich zerfleischen würde. Ein kleiner, scheckiger Jagdhund sprang an Frauchen hoch, nahm dann Witterung auf, sah mich im Bett, stutzte und gab Laut. Ich versuchte ihn mit »Pscht!« und Gesten zum Schweigen zu bringen oder zu verscheuchen, aber er bellte nur um so lauter. So blieb ich ruhig liegen; jetzt hätte es auch keinen Sinn mehr, sich im Kleiderschrank zu verstecken oder unters Bett zu kriechen, sollte der Mann heraufkommen.

›Warum geht sie nicht hinunter, um Gottes willen?‹ fragte ich mich verzweifelt. Der Hund hatte sich auf meine Kleider gesetzt und knurrte leise. Ich stellte mir vor, wie der Jäger, die Büchse im Anschlag, die Treppe heraufkam, mich entdeckte, zielte – schoß. – Da hörte ich tatsächlich seine schweren Tritte die Treppe heraufstapfen. Er wandte sich seiner Frau zu, die auf der anderen Seite des Flurs ins Badezimmer retirierte, ich sah seinen Hut, den Rücken in grünem Loden; mein Herz klopfte zum Zerspringen. Er sprach mit seiner Frau, die Pfeife war gefunden, mit einem »Bussi« verabschiedete er sich – doch dann drehte er sich um, tat zwei, drei Schritte herein. Jetzt mußte er mich sehen. Für ein paar Sekunden schloß ich die Augen, als könnte ich mich auf diese Weise unsichtbar machen. Als ich wieder hochblinzelte, war er auf den Hund zugegangen, der nur mich ansah und winselte.

Er bückte sich zu ihm hinunter, kraulte ihn und sagte: »Na, Titus, was ist denn? Komm, gehn wir!«

Ich sah jetzt, daß er kein Gewehr trug, natürlich nicht! Er richtete sich auf, machte kehrt und ging, dem Hund pfeifend, die

Treppe hinunter. Kurz darauf fiel die Haustür ins Schloß.

In der Tür des Badezimmers drüben stand die Frau wie Lots Weib, eine Hand hielt den Hausmantel am Hals geschlossen; sie schaute mich nur an. Ich brachte kein Wort heraus, so steckte mir noch der Schreck in den Knochen. – Ich schob mich zum Bettrand, zog mich an, erhob mich, stand hilflos da. Sie sagte immer noch nichts. Ich schlich die Treppe hinunter, aus dem Haus. – Und ich hatte nicht mal gegessen.

Nach ein paar Tagen ging ich noch einmal in ihre Boutique. Sie war nicht allein, nickte mir freundlich zu, lud mich nicht ein und hielt mich nicht zurück, als ich wegging.

Die italienische Reise

Ich hatte mich entschlossen, Mainz zu verlassen und in Zürich weiterzustudieren. Es gehörte jedoch damals zu den schweizerischen Immatrikulationsbedingungen für Ausländer, daß man einen Finanzierungsnachweis erbringen mußte. Ich hatte zwar den ganzen Herbst über »im Bims« gearbeitet, wie wir sagten, in der Bimssteinindustrie, und im Akkordlohn einiges auf die Seite legen können. Aber ich brauchte den Nachweis für einen monatlichen »Scheck«. Den konnte mir meine Mutter, die damals sehr krank war, nicht bieten.

Nun wollte ich wenigstens nicht auf meine jährliche Reise nach Italien verzichten. Meine Tante Elsy, die Schwester meiner Mutter, wohnte damals in Rom. Sie war unverheiratet geblieben und hatte eine muffige Wohnung in Trastevere. Ich verstand die Verbitterung meiner Mutter, die als junges Mädchen immer sehr unter ihrer Schwester zu leiden hatte, denn sie behandelte mich mit Herablassung und beißendem Spott. Sie verglich meine schwarzen Haarsträhnen mit den schmucken Lockenköpfen römischer Kellner, deren natürliche Eleganz mit meiner Eifeler Bauernhaftigkeit. Sie lachte mich aus, weil ich nicht wußte, wie man Artischocken ißt, die ich noch nie gesehen hatte. Ich hatte ihr von meinen ersten Schritten als Schauspieler erzählt. Eines Tages hatten wir uns in der Stadt verabredet. Ich sah sie von weitem ganz gekrümmt vor dem Museum stehen und dachte, daß sie vielleicht Schmerzen hätte. Erst als ich herankam, begriff ich, daß sie über mich lachte. Sie zeigte auf mich und platzte heraus: »Und so was will Schauspieler werden!«

Doch als meine wirtschaftliche Situation zur Sprache kam, hatte sie eine Idee: »Warum tut der Menniti, dein Vater, nichts für dich? Wenn ich es recht verstehe, hat er dein Lebtag nichts für dich bezahlt. Jetzt könnte er doch endlich mal etwas für dein Studium herausrücken.«

Meine Mutter wäre sicher nicht auf den Gedanken gekommen, und auch ich hatte Bedenken. Doch nicht Tante Elsy: »Du fährst nach Siderno runter zu deinem Vater und stellst dich ihm vor.« Ich sträubte mich dagegen, ich sprach ja nicht einmal Italienisch. Wie ich mich denn einfach so in der Klinik meines Vaters einfinden könne, eine Privatadresse wüßte ich nicht, und selbst wenn, mich dort zu zeigen wäre ja nun wirklich unmöglich... Doch sie hatte schon einen genauen Plan. »Ich schreibe dir einen Brief, in dem ich alles erkläre. Und solltest du Schwierigkeiten haben, dich ihm privat zu nähern, ich gebe dir Reklamematerial für medizinische Apparate mit. Du stellst dich eben als Vertreter vor.« Sie, Tante Elsy, arbeitete damals selbst noch als Vertreterin deutscher Firmen für Röntgenapparate und andere medizinische Geräte. Schließlich stellten sich Neugier und Notwendigkeit als stärker heraus als meine Hemmungen.

So saß ich ein paar Tage später im Zug nach Kalabrien. Die Nacht über ging es von Neapel, oft an der Küste entlang, nach Süden, die meiste Zeit stand ich im Seitengang, vor mir das Tyrrhenische Meer im Mondlicht. Am frühen Morgen, es war noch dunkel, stieg ich in Reggio Calabria um, und weiter ging es nach Süden.

Auf einmal eine unglaubliche Erscheinung:

Hoch über der dunklen Küste, jenseits des »Stretto«, der Meerenge von Messina, dort etwa, wo Taormina liegen mußte, erhob sich, in ein zartrosa Morgensonnenlicht getaucht, der schneebedeckte Kegel des Ätna!

Ein paar Stunden später hielt der Zug auf freier Strecke. In den letzten Tagen hatte es schwere Regenfälle gegeben, ich meinte etwas von Erdbeben verstanden zu haben, jedenfalls war die Bahnlinie unterbrochen, Brücken waren ins Meer geschwemmt worden. Es ging zu Fuß weiter. Frauen trugen flache Körbe mit Erde auf den Köpfen. Das Meer war lehmfarben, wurde erst weit draußen smaragdgrün und endete am Horizont als ein dunkelblauer, wie mit Tinte gezogener Strich. Es war heiß geworden trotz der Jahreszeit. Ich kletterte mit anderen Passagieren hinunter durch die breiten, mit Brettern notdürftig ausgelegten Flußbetten. Irgendwann ging es wieder für einige Kilometer mit dem Zug weiter. Dann kam ich in Locri an. Doch bis Siderno waren es nochmals an die zehn Kilometer, und das mit einem schweren Koffer. Die Kleidung wog nicht schwer, aber ich hatte schon damals die Angewohnheit, mit einem Haufen Bücher zu reisen.

In Siderno angekommen, fragte ich mich nach der Casa di Cura des Professore Menniti durch, die seltsamerweise kaum jemand kannte. Schließlich stand ich vor ihr: ein ziemlich heruntergekommenes ockerfarbenes Gebäude mit abgeblättertem Verputz und schief in den Angeln hängenden Fensterläden. Ich ging hinein und fragte nach dem Professor. Langsam begann ich zu verstehen, daß der dort nicht mehr arbeitete, ja lange nichts mehr mit der Klinik zu tun hatte. Er wohnte jetzt in Locri. Ich machte mich also wieder auf den Weg zurück.

Gegen Abend stand ich vor einer großen, alten Villa mit einem hohen Gitter um einen Hof, in dem Kinder spielten, viele in Rollstühlen, auch spastische Kinder darunter.

Am Eingang erfuhr ich, daß der Professor auf einem Kongreß in Rom sei, daß es wegen der unterbrochenen Eisenbahnlinie ungewiß sei, wann er zurückkomme. Ich fand ein kleines Zimmer zum Übernachten.

Am nächsten Morgen ging ich zum Markt am Hafen. Erst jetzt fiel mir auf, daß ich fast zwei Tage nichts gegessen hatte. Ich kaufte mir Melonen und konnte auch den Fichi d'India, den Früchten des Feigenkaktus, nicht widerstehen. Leider wußte ich nicht, daß man sie nicht mit den Fingern schälen sollte, und so hatte ich tagelang die fast unsichtbaren Stacheln in den Händen. – Immer wieder ging ich an der Villa vorbei und fragte morgens, mittags und abends, ob der Professore zurück sei. Doch immer hieß es: No, niente, ci dispiace, leider nicht.

Nach drei langen Tagen endlich war es soweit.

Als ich zur Villa kam, sagte man mir, der Professore sei zurückgekehrt. Ich betrat ein Empfangszimmer. Eine schöne, elegante, nicht mehr ganz junge Dame begleitete mich ins Sprechzimmer. Sie blieb, während ich wartete. Ich legte meine Dokumentenmappe vor mich auf den Schreibtisch.

»Der Professore kommt gleich.«

Wenig später betrat ein korpulenter, nicht sehr großer Mann mit schnellen, kurzen Schritten das Sprechzimmer. Die schwarzen Haare waren glatt zurückgebürstet. Er trug eine Brille mit runden Gläsern und hielt eine brennende Zigarette in der linken Hand. Er grüßte kaum, während die Dame mich als »Rappresentante tedesco« vorstellte. Er forderte mich zum Reden auf, aber ich mußte ja die Frau loswerden. Ich radebrechte, daß ich mit dem Professor alleine sprechen müsse. Er entgegnete knapp, fast schroff, daß er, so viel verstand ich, vor der Dame keine Geheimnisse habe. Mit Händen und Füßen und ein paar Brocken Latein versuchte ich klarzumachen, daß es sich um ein neues, noch sehr geheimes Gerät handle – »novus apparatus secretissimus« – und daß ich nur mit dem Arzt unter vier Augen sprechen dürfe – »solo cum medico colloquio separato« – Belästigt, aber auch etwas amüsiert, bedeutete er schließlich der Dame, uns allein zu lassen. Ich zog den verschlossenen Brief meiner Tante aus der Innentasche meiner Jacke. Er öffnete ihn, las ihn, zog zwischendurch an seiner Zigarette, ließ schließlich den Brief sinken, löschte die Zigarette aus und sah mich zum ersten Male wirklich an.

»E' Lei?« fragte er schließlich. Sind Sie das? und deutete mit dem Kinn auf den Brief. Ich nickte. Wieder las er. Dann fragte er nochmals: »E' Lei?« Wieder nickte ich. Er setzte sich hinter den Schreibtisch und zündete sich eine neue Zigarette an. Er schaute rauchend vor sich hin und dachte nach, so schien es. Schließlich stand er auf und verließ das

Sprechzimmer mit einem gemurmelten: »Scusi!« – Ich wartete. Nach einer Viertelstunde kam er wieder. Er hielt einen Zettel in der Hand, den er mir reichte.

»Gehen Sie dahin. Es ist mein Cognato«, (ich verstand nicht), »der Bruder meiner Frau. Er ist Avvocato und über alles informiert. Er wird Ihnen helfen, soweit das möglich ist.« Damit war ich entlassen. Ich ging. Ich sollte ihn nie mehr wiedersehen.

Über 25 Jahre später, ich hatte inzwischen die Bekanntschaft meiner Stiefschwestern gemacht und sie wieder einmal besucht, war ich mit dem Auto auf dem Weg von Locri nach Catanzaro. Ich machte einen Abstecher in die Silaberge hinauf zum nahen Badolato, aus dem mein Vater stammte. Der Ort lag verlassen auf einem Hügel. Ich fuhr nicht ins Dorf hinein, sondern bog ab zu dem winzigen Friedhof, einem bescheidenen Geviert, ohne Bäume, die Innenmauer mit den typischen marmornen Grabplatten bedeckt. Überall vertrocknete Blumen, da und dort ein brennendes ewiges Licht.

Es herrschte eine flirrende Hitze und das reglose Schweigen der Panstunde.

Ich suchte nach dem Namen Menniti, fand auch einige Gräber mit dem Namen, wohl Vorfahren und Verwandte. Schließlich fand ich auch *sein* Grab:

MENNITI MATTEO. Kein Beruf, kein Titel, unter dem Geburts- und Todesdatum ein Zitat:

»E QUIVI NON SARÀ NOTTE ALCUNA E NON AVRANNO BISOGNO DI LAMPANA NÈ DI LUCE DI SOLE: PERCIÒCCHE' IL SIGNOR IDDIO GLI ILLUMINERÀ ED ESSI REGNERANNO NÈ SECOLI NÈ SECOLI«[*]

APOCALISSE CAPO XXII

Ich fotografierte. Dann hockte ich mich vor die Grabplatte und wischte mit der Hand über das verstaubte Foto, das ihn kaum älter als bei unserer Begegnung zeigte, mit immer noch schwarzem Haar, der Brille und einem freundlichen Lächeln für den Fotografen. Ich beugte mich ganz nahe zu dem Foto, sah es lange an und sagte leise: »Na, du alter Arsch.«

[*] »Und dort wird nicht Nacht sein, und sie werden keiner Lampe bedürfen noch des Lichtes der Sonne, denn Gott der Herr wird sie erleuchten, und sie werden herrschen bis in alle Ewigkeit«

Apokalypse Kap. xxii

Hypnose

Auf der Universität Mainz hatte ich unter anderem bei Prof. Wellek Psychologie belegt und hörte zum erstenmal über Freud, Jung und Weininger, und ich war fasziniert. In unserer Theatergruppe, die von Klaus Schlette geleitet wurde, machten wir hypnotische Experimente. Ich war selbst kein Medium, doch gelang es mir recht gut, andere in hypnotischen Schlaf zu versetzen. Während der Semesterferien arbeitete ich nicht wie sonst am Bau, sondern bekam verschiedene Jobs vom Studentenwerk zugeteilt. Während des Mainzer Weinfestes verkaufte ich morgens auf den Rheinwiesen Coca-Cola per Bauchladen: »Coca-Colaaaa eisgekühlt!« – Nachmittags kellnerte ich in einem Weinzelt, und da das Geschäft langsam lief, hatte ich ab und zu noch Zeit, bei einem Hypnotiseur, der sein Zelt gleich nebenan hatte, eine Vorstellung als »Medium aus dem Publikum« mitzumachen.

   Am ersten Tag hatte der Maestro, der sich

als Italiener ausgab und auf der Bühne mit einem dicken Akzent deutsch radebrechte, in Wirklichkeit aber ein waschechter Berliner war, eine Handvoll Studenten als Medien ausgebildet. An seinen hypnotischen Fähigkeiten gäbe es zwar gar keinen Zweifel, aber hin und wieder sei das Publikum so blöde, daß er auf intelligentere Opfer zurückgreifen müsse, denn er könne es sich nicht leisten, mangels geeigneter Klienten eine Vorstellung zu »vergeigen«.

Er zeigte uns also, was wir gegebenenfalls machen müßten. Jeder von uns bekam eine besondere Rolle: Meine war die des dümmlichen Bauernlümmels, der seinen Freunden im Publikum – die mußten irgendwo unter den Zuschauern angenommen werden – zeigen will, daß er auf keinen Fall hypnotisiert werden könne, dann aber natürlich der erste ist, der ein allzu leichtes, lächerliches Opfer des Hypnotiseurs abgibt. Für mich war das eine willkommene schauspielerische Übung, und zum erstenmal wurde ich dafür bezahlt: Gage pro Vorstellung: 1 DM, das heißt, man bekam zwei Mark, mußte aber an der Kasse wie ein ganz gewöhnlicher Besucher eine Mark als Eintrittsgeld blechen.

Ich spielte also meine Rolle. Wenn der Maestro Leute aus dem Publikum auf die Bühne bat, stand ich auf und begann schon auf dem Weg dorthin laut in die Richtung meiner imaginären Freunde zu pöbeln: »An den Quatsch glaub ich doch nicht! Mich schafft der nie! Ihr werdet's sehen!« Ich war dann der erste, der auf des Maestros Kommando die Hände nicht mehr auseinander bekam.

Wenn es hieß: jetzt wird es heiß, begann ich mich zum Vergnügen des Publikums auszuziehen, und der Maestro mußte mich »aufwecken«, um das Schlimmste zu vermeiden. Später gab er mir ein Kissen, das er als ein Baby ausgab, und ich begann es zu wiegen, abzuküssen, ihm die Flasche zu geben, und der Höhepunkt meiner Darbietung war, wenn er mir sagte, daß das Baby mich nun naß mache...

Nach der Vorstellung rannte ich wieder zum Weinzelt hinüber, um meinen Kellnerdienst weiter zu versehen. –

Ich hatte Mainz nach vier Semestern verlassen und mich an der Zürcher Universität immatrikuliert. Mein monatlicher Scheck ging fast vollständig für die Miete drauf, denn ich hatte nun mal standesgemäß wohnen wollen, indem ich für die ruinöse Summe von 100 Schweizerfranken im Monat ein Zimmer in der Wohnung der Maria Becker mietete. Zu meiner Enttäuschung bekam ich die große Schauspielerin nie zu Gesicht. Die Wohnung in der Scheuchzerstraße Nr. 8 war groß und beherbergte außer mir noch Angelika A., Schauspielerin am Schauspielhaus und Freundin der Becker, Susi L. und Ruth K., eine Textildesignerin. Da ich in jener Zeit sowohl an der Universität studierte als auch am Schauspielhaus als Statist arbeitete, dazu noch nachts an der Schreibmaschine saß, um Seminararbeiten für die Uni zu schreiben, war mein Schlafbedürfnis ebenso groß wie unbefriedigt. Oft war mein Kopf gegen vier oder fünf Uhr morgens auf die Tasten der Schreibmaschine gesunken, und ich lief die ersten Stunden in der Uni herum, mit den Abdrücken der Tasten mal auf der rechten, mal auf der linken Wange.

Ab und zu ging ich nachts in die Küche und machte mir einen starken Kaffee. Dort traf ich öfters meine Zimmernachbarin Ruth, die vom gegenteiligen Phänomen gequält wurde, sie litt nämlich unter Schlaflosigkeit und verbrachte Stunden in der Küche, rauchte, trank

warme Milch oder Kamillentee. Wir unterhielten uns, und eines Nachts erzählte ich ihr
von meinen hypnotischen Erfahrungen. Sie
war fasziniert. Ich machte mich ans Werk und
schläferte sie mit Erfolg einige Male ein. Da
dies aber lästig war, versuchte ich ein fortge-
schrittenes Programm: Ich brachte sie dazu,
sich selbst in einen hypnotischen Schlaf zu
versetzen, indem sie ein Bild über dem Fuß-
ende ihres Bettes konzentriert anschaute. Es
funktionierte! Immer, wenn sie das Bild, übrigens ein ganz harmloser Farbstich, ansah,
sank sie in Hypnose, und im Laufe der Nacht
ging der hypnotische Schlaf in einen normalen
Schlaf über. –

Eines Nachmittags, ich saß arbeitend an der
Schreibmaschine, hörte ich von nebenan, aus
dem Zimmer meiner »Patientin«, das Geräusch eines dumpfen Falls. Ich stürzte alar-
miert hinüber und fand sie schlafend auf dem
Fußboden liegen. Sie hatte sich wohl beim
Fallen an irgendwas die Stirn aufgeschlagen,
denn sie blutete leicht. Ich weckte sie auf, sie
sah mich verwundert an, und erst allmählich
erinnerte sie sich, daß sie aus reiner Zerstreu-
ung das besagte Bild angesehen hatte. Die
Lust auf hypnotische Experimente war mir

vergangen. Doch hatte ich einem Studienkollegen, Arnold H., von meinen Experimenten erzählt. Wir führten regelrechte Streitgespräche über Freudsche Hypnosefälle. Als skeptischer Schweizer war er der Meinung, daß man in der Hypnose niemanden gegen den eigenen Willen zu etwas bringen könne, wenn eine innere moralische Barriere bestehe, zum Beispiel könne man, wie ja auch Pasteur behauptet hat, kein Verbrechen suggerieren, wie den so beliebten Mordauftrag in Kriminalfilmen, es sei denn, der Hypnotisierte würde das Verbrechen auch *ohne* Hypnose begehen. Er drängte sich sogar auf, sich von mir hypnotisieren zu lassen, um seine These zu beweisen.

In jenen Tagen war meine Miete überfällig, und mein Scheck aus Italien war mal wieder nicht eingetroffen. Nun war mein Freund Arnold der Sohn eines berühmten Arztes mit einer großen Villa in Zollikon. Vielleicht konnte ich ihm unter Hypnose suggerieren, mir mit ein paar hundert Franken auszuhelfen. Ich brachte ihn dazu, mich zu sich nach Hause einzuladen. Dort würde ich ihn besser bearbeiten können. Er führte mich in sein Studierzimmer, das mich vor Neid erblassen ließ. Ich machte mich ans Werk, doch wie ich es

auch anstellte, der Kerl war nicht zu hypnotisieren. Keine meiner Techniken schlug an,
weder das Pendel vor den Augen noch das
Zeichnen von unendlichen Figuren, noch das
In-den-Schlaf-Murmeln – »Du wirst jetzt
ganz müde...« Nichts. Er fuhr fort, mich fasziniert anzustarren. Ich überlegte: Wenn
nicht über hypnotischen Schlaf, vielleicht
klappte es mit Suggestion. Ich begann, über
meine »schwere Kindheit und harte Jugend im
Kriegs- und Nachkriegsdeutschland« zu erzählen. So malte ich in den schwärzesten Far-
ben meine Vergangenheit, erzählte von Hunger und Bombennächten und merkte bald,
daß ich ihn »gepackt« hatte. Er hing an meinen Lippen, und während ich sprach, dachte
ich suggestiv an blaue 100 Frankenscheine. –
Zwei Stunden lang redete ich beschwörend
auf ihn ein. Dann machte ich eine Pause. Nun
mußte er doch mit der Frage heraus: Wieviel
brauchst du?

Er schaute mich lange an. – Schließlich sagte
er mit einem tiefen Seufzer:

»HÄSCHT DU ABBR E INTRESSANTSCH
LÄBBE!«

Lampenfieber

Auf Zimmersuche in München kam ich zufällig durch die Herrnstraße, gleich neben den Münchener Kammerspielen. An einem alten Haus, dessen Fassade noch Spuren des Krieges trug, fiel mir ein blaues Emailschild mit roter Schrift ins Auge:

OTTO-FALCKENBERG-SCHULE
Schauspielschule
der Münchener Kammerspiele

Die Tür war offen, auch wenn das Haus leer zu sein schien. Dann eine Stimme mit schwerem bayerischem Akzent: »Die Schule ist geschlossen, und für dieses Joar isses eh zu spät.« – »Ich wollte mich ja nur mal erkundigen.« – »Na ja, wanns scho do sann«, und er gab mir ein Aufnahmeformular. –

Ein paar Wochen später stand ich in Mayen hoch oben auf einem Gerüst am Marktplatz. Ich arbeitete als Hilfsarbeiter am Bau, und wir waren dabei, ein Haus abzureißen, damit ein

Kaufhaus und ein Kino entstehen konnten. Auf einmal sah ich meine Mutter nicht weit vom Marktbrunnen stehen. Sie hatte etwas Weißes, wohl einen Brief, in der rechten Hand, und schlug damit vorwurfsvoll fragend auf die linke Handfläche. Ich stieg vom Gerüst, wortlos gab sie mir den Brief. Absender: Otto-Falckenberg-Schule München. Wieso hast du mir nichts davon gesagt, fragte sie. Ich hatte es vergessen, es war mir tatsächlich entfallen, daß ich noch in München den Aufnahmeantrag samt Lebenslauf abgeschickt hatte. Und nun die Antwort: »... bitten wir Sie, sich am 31. 3. morgens 8.00 Uhr zum mündlichen Vorsprechen einzufinden. Gerd Brüdern, Schulleiter«

Pünktlich um acht sitze ich in der düsteren Halle im Hochparterre der Falckenberg-Schule.

»Wie viele Bewerber?« frage ich ungläubig meinen Nachbarn, »über zweihundertfünfzig? – Warum haben sie mich dann überhaupt herbestellt?«

»Nein, nein, zum Vorsprechen sind ja nur mehr achtzig zugelassen.«

»Und wieviel nehmen sie?«

»Höchstens sechzehn.«

Sechzehn von achtzig? Also achtzig durch sechzehn, das macht fünf, jeden Fünften nehmen sie auf!

Womit fange ich denn an? Mit dem Tartuffe vielleicht. Der machte immer Eindruck auf der Penne, wenn ich René Deltgen nachmachte:

»Bedecken Sie Ihren Buusen!«

Ja, der sagte Buusen mit zwei U, sind ja auch zwei, haha. Mann, du hast Humor. Geh lieber deinen Text durch. Ich könnte auch mit dem Max Piccolomini anfangen: »Blaaast blast! Oh, wären es die schwed'schen Hörner und ging's von hier gerad ins Feld des Todes. Und alle Schwerter, alle, die ich hier entblößt muß sehen, durchdrängen meinen Busen!« – Schon wieder Busen! Hoffentlich denken die nicht, das sei Absicht.

Der Blonde da mit dem gelben Schal sieht wirklich sehr gut aus. Den holen sie bestimmt zum Film. Du hättest keine Krawatte anziehen sollen, so ein Schal, das wirkt gleich viel künstlerischer. Jetzt rufen sie den Blonden rauf in den Saal. Wieso kommt der vor mir dran? Geht's hier nicht nach dem Alphabet? Der Pummel da drüben mit dem roten Gesicht über dem Textbuch sieht nicht schlecht aus. Noch ein bißchen Babyspeck, aber ein beachtlicher Busen. Sag ich jetzt auch schon Busen? – »Geben Sie Gedankenfreiheit!« schreit der Blonde gerade oben im Saal. Don Carlos, Marquis Posa. Tolle Stimme, der Blonde. Da kommt er schon mit wehendem Schal die Treppe herunter, lässig. Den nehmen sie bestimmt, so einen gutaussehenden Jungen werden sie sich nicht entgehen lassen. Ob von denen da oben einer schwul ist? Bestimmt, vielleicht sogar einige. Am Theater sollen ja fast alle schwul sein, sagt man. Das ist ja mal wieder unfair. Da hat unsereiner kaum Aussichten. –

Jetzt ist ein Mädchen dran. Aha, die wechseln ab! Also wenn sie die nehmen, fress' ich einen Besen. Häßlich wie die Nacht und flach wie ein Bügelbrett, nicht die Andeutung von einem – nein, ich sag's nicht, Mensch, du mußt dich zusammennehmen. – Da, da kommt die Flache schon wieder heulend raus, ich hab's ja gewußt, ohne Busen nehmen sie einen nicht, nicht mal beim Theater, vom Film ganz zu schweigen… Was? Ich bin dran? Ich komme. Drei Stufen auf einmal nehme ich auf der Treppe nach oben. – Soll ich anklopfen? Nein, sich jetzt nur nicht beeindrucken lassen, ganz locker sein. –

Mann, ist hier ein Mief drin, da kriegt man ja keine Luft. Und dunkel, da sieht man ja die Hand nicht vor den Augen. Ah, da links ist eine kleine Treppe zur Bühne hinauf. Nicht stolpern, du Idiot, das sieht nach Absicht aus, das ist Klamotte.

Aber sie lachen da unten. Vielleicht denken sie: Aha, da kommt ein Komiker in spe. Na gut, sollt ihr euren Tartuffe haben. Aber die schauen ja gar nicht her, sitzen da unten, quatschen und qualmen die Bude voll.

Der große Blonde, der jetzt aufsteht und zum Fenster rüberhinkt, muß der Brüdern sein, der Leiter der Schule. War auch mal so ein großer blonder jugendlicher Held, bis die Russen ihm noch kurz vor Kriegsende ein Bein weggeschossen haben, spielt aber immer noch Theater, mit 'ner Prothese, toll! Der zieht jetzt den schwarzen Vorhang zurück und macht das Fenster auf. Dabei wendet er sich aufmunternd lächelnd zu mir um und sagt so was wie: »Kleinen Moment, wollen erst mal 'n bißchen frische Luft reinlassen...«

»Und all das Talent raus!« entfährt es mir. Kannst du denn nicht die Schnauze halten?

Aber was denn, die lachen doch... »Nun, dann sagen Sie uns mal schön, wie Sie heißen, wo Sie herkommen, was Sie bisher gemacht haben und warum Sie ausgerechnet Schauspieler werden wollen.«

Moment mal, langsam, warten wir erst mal, bis das Fenster wieder zu ist, da kommt so ein verdammtes Klopfen rein, da versteht man ja sein eigenes Wort nicht. Was, das Fenster ist zu? Das Klopfen ist aber immer noch da, wird immer lauter. Das kann doch nicht mein eigenes Herz sein! Das wäre also das berühmte Lampenfieber. Was hatte der noch gefragt? Ruhe! Ruhe! Räuspern.

»Ehem, entschuldigen Sie, ich habe Ihre Frage nicht verstanden.« – Das ist doch nicht meine Stimme, die das gerade gesagt hat. Dieses belegte Stimmchen, ganz weit weg? – Der mit der dicken Brille und der Baskenmütze wiederholt seine Frage. Das ist sicher der Schweikart, Intendant der Münchener Kammerspiele. Wenn er jetzt die berühmte Fangfrage stellt: »Was machen Sie denn, wenn wir Sie hier nicht aufnehmen?«, sag auf keinen Fall, dann mache ich eben etwas anderes oder studiere weiter, dann bist du gleich unten durch. Du mußt sagen: »Dann versuch ich's erst mal auf einer anderen Schauspielschule, Wien, oder Berlin, oder ich nehme einen privaten Schauspiellehrer, aber das soll ja alles nicht so gut sein wie diese Schule hier...« Aber der fragt das nicht, sagt vielmehr: »Sie haben also fünf Semester an der Universität studiert. Da möcht' ich Sie doch fragen: Warum studieren Sie nicht weiter? Warum schließen Sie Ihr Studium nicht ab und kommen dann noch einmal wieder?« Da fällt mir, verdammtes Lampenfieber, nichts Gescheites ein: »Also: erstens habe ich keine Lust weiterzustudieren, zweitens, ich möchte weiter keine Zeit mehr verlieren, und drittens, ich habe kein Geld und möchte möglichst schnell welches verdienen.« – So, da hast du dich mit erstens, zweitens und drittens schön aus der Partie gelächelt, denn der Schweikart macht eine vernichtende Pause, schaut sich traurig und enttäuscht im Kollegiumskreise um und sagt nach einem geseufzten ›Na ja!‹:

»Wir wollen trotzdem etwas von Ihnen hören. Was wollen Sie vorsprechen?«

»Da hätte ich den Tartuffe, dann noch den Max – nicht Max und Moritz, natürlich...« Kein Lacher, das war schwach – »sondern den Max Piccolomini.«

»Na, dann schießen Sie mal los!«

Drei Minuten später schießt ein entfesselter Max Piccolomini – so hatte man's ja in Zürich gesehen, nur war da die Bühne viel größer – mit langem Anlauf aus dem Hintergrund, mit einem verzweifelten, sich überschlagenden »BLAAAST!« auf die Rampe zu, kann den Lauf nicht bremsen, schießt über die Rampe hinaus, schwebt einen Augenblick im Bodenlosen, setzt noch an zum zweiten »BLAST!«, es wird nur ein »BLAA-«, und stürzt krachend auf den Parkettboden des Saals – ungesagt bleiben die schwed'schen Hörner, ungesagt die entblößten Schwerter und der Busen…

Da ist nur ein großes peinliches Schweigen, und in dieses Schweigen von den Lippen des Gestürzten ein allzu deutliches: »SCHEISSE!«

Gelächter, erbarmungslos. Sinn für Pointen, hahaha! ›AUS DER TRAUM‹, denkt der am Boden, ›AUS, ENDGÜLTIG AUS!‹

Er schleicht sich hinaus, sucht unten das Klo, schließt sich lange ein. Gegen Mittag geht er in das Büro. Frl. Putz, die Sekretärin, lächelt süßlich: »Herr – Adorf, in ein, zwei Wochen bekommen Sie schriftlich Bescheid, ob Sie die Prüfung bestanden haben.«

»Daß ich nicht bestanden habe, können sie mir doch gleich sagen, ich habe nämlich eine Fahrkarte nach Italien, da würde ich gern länger bleiben...«

Frl. Putz verschwindet im Büro des Schulleiters, kommt nach ein paar Minuten mit einem strahlenden Lächeln wieder heraus: »Herr Adorf, ich kann Ihnen ausnahmsweise heute schon die Nachricht geben: Sie sind aufgenommen!«

Die Selbstmörderin

Ich liege im Bett meiner ersten Münchener Bleibe, Lindwurmstraße 60, Rückgebäude III, bei Walburga Wiesner, einer etwa siebzigjährigen Witwe. Obwohl ihr Mann schon seit über dreißig Jahren tot ist, weint sie jedesmal, wenn sie ihn im Gespräch erwähnt. Mein Zimmer ist eher ein Kämmerchen; wenn die Sonne hereinkäme, ich müßte raus; aber keine Angst, sie kommt nicht herein: Das schmale Fenster liegt nach Norden.

Jenseits des Hinterhofs die Theresienwiese. Man hört's, denn heute ist der letzte Sonntag des Oktoberfests 1953. Ein herrlicher Herbsttag, blauer Himmel. In genauen Zeitabständen schwebt ein riesiger Ballon an einem Seil an dem blauen Rechteck des Fensters vorbei. Er hat die Form eines Bierfasses, LÖWENBRÄU steht darauf in gelben Lettern. – Jetzt bekomme ich zu meinem chronischen Hunger auch noch einen irrsinnigen Durst.

Unter der Woche besuche ich die Otto-Falk-kenberg-Schule. Selbst wenn ich kein Geld habe, und ich habe meistens keines, kann ich nicht verhungern. Unser guter Geist ist KOPPI, Frau Koppenhöfer, die in der Kanal-straße, unweit der Schule, einen kleinen Milchladen betreibt und uns Schülern Kredit gewährt. Doch an Wochenenden ist kein Un-terricht, und es gibt keine Koppi. Da lege ich mich eben bei Null-Diät ins Bett, um Kräfte zu sparen. Da ist es wieder, dieses summende Zittern; es geht durch den ganzen Körper, der für Minuten völlig gelähmt ist. Wie eine ei-serne Klammer legt sich ein furchtbarer Druck auf den Schädel.

Aber der Anfall geht vorüber.

Nun gräbt sich der Gedanke ans Essen noch tiefer ins Gehirn. Ich muß mir etwas zu essen beschaffen. Frau Wiesner ist nicht da und bringt mir also nicht ihren scheußlichen Tee, der mir dennoch so gut getan hätte. Immer wieder kreuzt der Löwenbräu-Ballon das Rechteck der Schießscharte. Ich versuche, Texte zu memorieren, schlafe immer wieder ein. Aber die Orchestrionmusik der Karus-sells auf der Wies'n oder Böllerschüsse wek-ken mich wieder auf. Und der Hunger. –

Am Nachmittag habe ich eine Eingebung: Ich denke an die Holzroste, die vor den Schieß- und Hendlbuden liegen: DA MUSS DOCH GELD HINUNTERFALLEN! Jede Menge Geld, bei dem Umsatz, und wer würde schon wegen eines heruntergefallenen Groschens oder selbst Markstücks die ganzen Leute von den Rosten scheuchen, um diese hochzuheben und die Münzen aus dem Dreck zu fischen? Niemand! Doch! Ich! Eine geniale Idee! Ich stehe auf, ziehe mich an und gehe mit zitternden Knien hinüber auf die Festwiese. Ich suche lange nach der geeigneten Bude. Das Gitter soll nicht zu groß, aber auch nicht zu klein sein.

Schließlich entscheide ich mich für eine Würstlbude. Ich bleibe eine Weile auf dem Holzrost stehen und spiele dann meine Nummer: Hand in die Hosentasche und da, verdammt, mir ist mein Kleingeld runtergefallen.

»Entschuldigen Sie«, wende ich mich an die Umstehenden, »würde es Ihnen was ausmachen, wenn Sie mal ein wenig zurücktreten, dann könnte man das Gitter hochheben…« Zuerst höre ich: »Ja wieso denn? Warum, was ist los?«

Aber dann siegt die bierselige Gemütlichkeit der Bayern, und man hilft mir, das Gitter aus dem Matsch zu heben, mein Herz klopft in Erwartung des selbst kleinsten Schatzes: – NICHTS! Nicht einmal ein roter Pfennig. Mein Erstaunen ist nicht gespielt. Doch nun droht die bayerische Gutmütigkeit in Zorn umzuschlagen, das könnte gefährlich werden, ich fühle mich nicht in der Kondition, eine Schlägerei zu bestehen. Ich sause also, so schnell mich meine schwachen Beine tragen, davon, bevor die verständliche Wut sich entlädt. Ich muß es an einer anderen Stelle nochmals versuchen, das kann doch nur ein Zufall gewesen sein, eine einzige Mark könnte ja schon meinen ersten Hunger stillen helfen. So, hier bin ich weit genug weg vom ersten Platz, keiner würde mich erkennen.

Der zweite Versuch. Wieder das gleiche Spiel: Mein Kleingeld ist mir... könnten Sie mir vielleicht?... aber klar... Hau ruck!... Und: WIEDER NICHTS! – War vielleicht doch keine so geniale Idee? Ich laufe wieder davon. Ich überlege. Versuche es mal damit, einen Betrunkenen zu spielen, lasse mich gegen Brezeln, die auf meterhohen Holzstangen aufgestapelt sind, fallen, wenigstens eine müßte doch zerbrechen und hinunterfallen, wer will die dann noch? Aufheben und weglaufen. Aber nein, die Stücke knacken, aber eine bayerische Brez'n bricht nicht. Der wütende Aufschrei des Brezelverkäufers bringt mich auf Trab. Erschöpft gebe ich auf. Eine Depression drückt mich nieder wie eine Dampfwalze. Selbstmordgedanken.

Es dämmert, ich mache mich auf den Heimweg. Ich biege in die Lindwurmstraße ein. An einem Baum lehnt eine weinende junge Frau. Ihr Blick ist starr auf etwas gerichtet, das sich drüben auf der anderen Straßenseite befindet. Ich beobachte und höre so etwas wie eine innere Alarmklingel. Ich schaue hinüber, da kommt hundert, achtzig Meter entfernt eine Straßenbahn der Linie 8 heran, ich sehe wieder die Frau, sehe, wie sich ihre Hände zum Abstoßen bereit in die Baumrinde krallen, ihre Augen haben einen furchtbar entschlossenen Ausdruck, und da stürzt sie schon los...
Instinktiv springe ich vor, werfe mich wie ein Rugbyspieler von hinten auf sie, umklammere ihre Beine, wir stürzen, gleichzeitig das schrille Klingeln und Bremsen der Straßenbahn... die fährt, da nichts passiert ist, weiter, Passanten laufen herbei:

»Was ist los? Fehlt Ihnen was?«

»Nein, nein!«

»Ach was, die sind besoffen.«

Die junge Frau und ich liegen in einer seltsamen Umarmung auf der Straße, sie schluchzt herzzerreißend. Ich stehe auf, helfe ihr auf die Beine, versuche sie zu beruhigen. Stockend erzählt sie mir dann, daß man ihr die Handtasche gestohlen habe, dann habe sie auch noch ihre Freunde im Getümmel des Oktoberfests verloren...

»Aber das ist doch kein Grund, sich umzubringen. Jetzt beruhigen Sie sich doch! Seien Sie jetzt schön brav, und fahren Sie nach Hause.«

Aber das ginge doch nicht. Sie hätte kein Geld, keine Hausschlüssel, kein Notizbuch, keine Telefonnummern...

Ich nehme sie mit in meine Kammer.

Wie Ertrinkende halten wir uns aneinander fest in einer tröstenden Umarmung auf dem schmalen Bett. So liegen wir lange beieinander. Erst später stellen sich, fast unbewußt, Zärtlichkeiten ein, Liebkosungen...

Küchengeräusche

Seit Februar 54 logiere ich nicht mehr bei Walburga Wiesner, Lindwurmstraße 60, Rückgebäude III. Ich wohne jetzt bei Frau von Wiese in der Maximilianstraße. Wohnen ist vielleicht zuviel gesagt.

Ich habe eine Schlafstelle in einer Küche gemietet, für 30 Mark im Monat, im ersten Stock hinten raus, dem Garten der Kammerspiele zugewandt. Schlafstelle stimmt, denn da gibt's kein Bett, nur ein Sofa, 1 Meter 50 lang, 70 cm breit. Zum Krummlegen langt's, Beine ausstrecken verboten. Ich lebe hier auch nicht ganz allein. In einer Kammer nebenan mit einem Luftloch zur Küche lebt, schläft ein verheirateter Student älteren Semesters, dessen Frau ihn an manchen Wochenenden besucht. An diesen Abenden, so ist es zwischen uns abgemacht, komme ich noch etwas später als gewöhnlich nach Hause. Der zweite Mitbewohner, zumindest jetzt im Winter, ist ein Meerschweinchen, sein Herrchen der Bruder der

Hauswirtin. Ich wußte nie, daß Meerschweinchen so stinken können. Im Sommer, das ist
versprochen, würde das Meerschweinchen
auf dem Balkon leben, der mir dafür ver-
schlossen bleibt, denn für 30 Mark im Monat
auch noch mit Balkon, wo kämen wir denn da
hin. Dieser Bruder, der öfters mal seine Zähne
in meinem Zahnputzglas deponiert, ist Rei-
sender in ich weiß nicht was. In der etwas
dunklen, aber geräumigen Wohnung leben
außerdem noch zwei alte Damen von 79 und
82 Jahren, ein geheimnisvoller, sicher älterer
Herr mit einer tiefen Stimme, den ich bisher
noch nie zu Gesicht bekommen habe, und natürlich Frau von Wiese. Mein Tag beginnt
ziemlich genau um sechs Uhr morgens. Pan-
toffelschrittchen nähern sich vom Flur her,
die Tür geht auf, Licht wird nicht gemacht,
das habe ich mir nach ein paar Tagen höflich,
aber bestimmt ausbedungen. Hände tasten
also im Dunkeln nach dem Wasserkessel auf
dem großen Gasherd, finden ihn, schlipp
schlapp, ein paar Schrittchen zum Ausguß.
Der Kessel wird leise scheppernd unter den
Wasserhahn gehalten, und obwohl ich mehr
als halb wach bin, wirft mich das Geräusch des
harten Wasserstrahls auf den Boden des hoh-

len Kessels fast vom Sofa: Bschschschschschschipp! Dann wieder die Schlurfschritte zurück zum Herd, und spätestens hier beginnt meine morgendliche Leidensgeschichte, die dreizehn volle Monate währen sollte: Der Gashahn wird geöffnet, Gas strömt aus: Pffffffffffffffffffff... Dann erst – warum in aller Welt machen Frauen das, alle Frauen!? – dann erst krabbeln gichtige Greisinnenfinger in der Schachtel nach einem Streichholz, finden eins, ratsch, es zerbricht, suchen ein neues, und die ganze Zeit strömt es: Ffffffffffffffffffffffffffff... Mich ergreift Panik, ich möchte aufspringen, das Fenster öffnen, denn das muß ja nachts zubleiben, das Meerschweinchen könnte sich erkälten... Dann endlich: Wufffff! Eine grelle Stichflamme und eine heiße Druckwelle bis zu meinem Kopf, so daß ich an meine Haare fasse, prüfend, ob sie nicht versengt sind. Mich wundert, daß die Alte nicht irgendwann einmal in Flammen steht.

Der Wasserkessel wird auf die Gasflamme gerückt, und dann verlieren sich die kleinen Pantoffelschritte in der Tiefe des Wohnungsflurs. Ich hatte mir auch ausgebeten, nicht den Pfeifkessel zu benützen, doch das war vielleicht ein Fehler, denn jetzt kommt es vor, daß das Wasser verkocht oder das kochende Wasser aus dem Kessel sprudelt und die Flamme auszulöschen droht. – Irgendwann kommt dann die zweite Alte – sie schlurft ganz anders –, holt den Kessel und stellt das Gas ab. – Atempause. Meist nur für eine knappe halbe Stunde. Da nähert sich mit forschem Schritt der adlige Bruder und betritt das Schlachtfeld. Es wiederholt sich die gleiche Prozedur, Wasser in den Kaffeetopf, ja, er braut sich in seinem Zimmer einen Kaffee, dessen Geruch wenig später bis hierher in meine Nase dringt. Er zündet das Gas an, wie es sich gehört, erst das Streichholz, dann das Gas, und während er auf das Sieden des Wassers wartet, füttert er das Meerschweinchen. Diesen Vorgang begleitet ein geflüsterter Monolog: »Ja, wer ist denn da? Haben wir gut Schlafi-Schlafi gemacht? Sooo, jetzt gibt es Guti-Guti! Ja, so ist's recht…« Danach tritt er, bewaffnet mit einem Brotlaib, an das Kopfende meines Sofas, wo die Brotschneidemaschine an der Kommode festgeschraubt ist. Und dann schrumm, schrumm, schrumm, ich zähle stumm mit, wieviel Scheiben er heute abschneidet. Die Anzahl wechselt immer paarweise, ich denke mir, daß sie mit der jeweiligen Entfernung seiner Tagesreisen zusammenhängt. Schrumm, schrumm, sechs, sieben, acht, heut geht's wohl mal wieder weit aufs Land hinaus, neun, zehn. Schluß. Er zieht ab mit seinem Kaffeewasser und den Brotscheiben. Ich wische die dicksten Krümel von meinem Kopfkissen, meine Haare bedürfen einer sorgfältigeren Reinigung nachher im Bad mittels Kamm und Bürste. –

Feuerpause für eins, zwei Stunden, wenn ich selbst nicht aus den Federn muß. Manchmal gelingt es mir sogar, noch eine Runde zu schlafen. Doch dann tritt unerbittlich die Dame des Hauses auf den Plan. Es ist heller geworden. Sie bereitet ihr Frühstück zu, verschwindet wieder für eine Weile, kommt zurück mit Geschirr, auch dem des Bruders wahrscheinlich, spült ab, räumt Geschirr weg, und nach einem besonders penetranten Geräusch sagt sie scheinheilig: »Jetzt habe ich Sie sicher aufgeweckt.« Damit gibt sie sich selbst das Stichwort für ein Gespräch. Ich bleibe einsilbig. Dann wird gewischt, gekehrt, der Besen fuhrwerkt zwischen den Tischbeinen vor meinem Sofa herum, sie bückt sich, fegt Brotkrümel zusammen, manchmal schwappt eine

ihrer Brüste aus dem Décolleté ihres geblüm-
ten, schmuddeligen Morgenrocks. Spätestens
dann blase ich zum Rückzug ins Badezimmer.

Der böse Blick

Frühjahr 1957. Werner Jörg Lüddecke, ehemaliger Marinereporter und auf Kriegsfilme spezialisierter Drehbuchautor, mit dem ich in Jugoslawien einen Film gedreht hatte, rief mich eines Tages an:

»Mario, bist du heute abend *zufällig* in der Stadt?«

»Kein Problem, ich habe heute abend Vorstellung in den Kammerspielen.«

»Kannst du nicht nach der Vorstellung *zufällig* im ›Atelier‹ vorbeikommen?«

Das war damals ein berühmter Künstlertreff in der Maximilianstraße.

»Dort könntest du *zufällig* den Regisseur Robert Siodmak treffen, der gerade einen Film vorbereitet: ›Nachts, wenn der Teufel kam…‹ Ich schreibe das Drehbuch…«

Am Abend, während der Vorstellung, wir spielten den »Regenmacher«, hatte ich einen Unfall. In einer Prügelszene mit Horst Tappert, der meinen Bruder spielte, zog ich mir einen Muskelfaserriß in der rechten Wade zu.

Nach der Vorstellung fuhr ich in die Unfallklinik, um mich verarzten zu lassen. Man machte mir einen dicken Elastikverband, und so humpelte ich mit einer guten Stunde Verspätung auf einen Stock gestützt, den ich mir beim Requisiteur des Theaters ausgeliehen hatte, ins »Atelier«. Mein Freund Lüddecke saß in einer großen, lauten Runde, begrüßte mich und stellte mich dann dem »großen Meister« Siodmak vor, einem kleinen, kahlköpfigen Mann um die sechzig, mit dicken Brillengläsern vor stechenden schwarzen Augen. Der nahm mich zur Seite und sagte: »Schauen Sie mal böse!«

Ich runzelte die Brauen und versuchte, meinem Blick das gewünschte Böse zu verleihen.

»Aber das ist doch nicht böse!«

Er hatte einen sächsischen Akzent.

»Ich meine beese, beese!!«

Ich legte zu. Aber er war von meinem »bösen Blick« enttäuscht. Mit einer theatralischen Bewegung riß er sich die Brille von den Ohren, blitzte mich mit ungeheuren Glupschaugen, die einen Peter Lorre hätten vor Neid erblassen lassen, an und stieß hervor:

»Das ist beese!!«

Ich war wirklich erschrocken und begriff sofort den Riesenunterschied zwischen unseren »bösen Blicken«. Ich sah meine Felle davonschwimmen, denn Siodmak wandte sich wieder seinen Freunden zu und ließ mich einfach stehen. Ich reagierte trotzig: »Na, dann eben nicht. Wer ist schon Siodmak?« Ich drehte ab und humpelte auf die Bar zu.

In dem Augenblick traf mich Siodmaks Stimme: »He, Sie, hallo, Sie!« Ich drehte mich zu ihm um. »Ja, Sie! Was haben Sie denn an Ihrem Bein?«

»Ach, nichts Besonderes, Muskelfaserriß.« Er kam auf mich zu, auf einmal sehr interessiert.

»Waren Sie beim Arzt?«

»Ja, ich komme gerade aus der Klinik.«

»Was haben die denn mit Ihnen gemacht?« Er ging in die Hocke. Ich zog mein Hosenbein hoch und zeigte ihm meinen Verband. Er nahm ihn genau in Augenschein und murmelte empört: »Diese Kurpfuscher! Haben ja keine Ahnung!«

Dann packte er mich plötzlich am Ärmel: »Kommen Sie mal mit.«

Er zerrte mich aus der Bar auf die Straße,

ich humpelte hinter ihm her. Ich versuchte zu protestieren, ich hatte verdammte Schmerzen. Er stützte meinen Arm, und bald waren wir im Hotel »Vier Jahreszeiten«.

»Hier in den Lift, kommen Sie!«

Endlich waren wir in seinem Zimmer, einer riesigen Suite vielmehr.

»Hose runter!« befahl er. Mir wurde mulmig. Doch ich gehorchte. Da stand ich nun mitten im Raum mit der Hose auf den Schuhen. Siodmak schloß eine enorme Seekiste auf, die in der Ecke stand, und öffnete den Deckel. Der Koffer war bis zum Rand angefüllt mit Schachteln und Schächtelchen, Fläschchen und Tuben, als hätte er eine Apotheke ausgeräubert. Er suchte darin herum und brachte einen länglichen Flakon zum Vorschein. Dann kramte er in einer regelrechten Arzttasche herum, holte eine gebogene Schere hervor und begann, meinen Verband, der gerade eine Stunde alt war, aufzuschneiden und abzureißen, wischte die Salbe ab und kommandierte: »Unterhose runter!«

Wieder kam eine unangenehme Spannung über mich: Warum denn die Unterhose? Da oben fehlt mir doch nichts!

»Los, runter damit!« Ich gehorchte.

Dann auf einmal: Pffffffft, pfffffft, traf mein Bein ein kalter Strahl rauf bis zum Po, runter bis zum Knöchel. Immer wieder.

»Na, das tut gut, nicht wahr?« hörte ich.

Heute kennt natürlich jedes Kind dieses Spray, das verletzten Fußballspielern verabreicht wird, aber damals war das eine Neuigkeit, »aus den Staaten«, wie er mir versicherte.

»So, Sie können sich wieder anziehen.« Ich tat's.

»Und nun gehn Sie mal, los, gehen Sie mal auf und ab! Na? tut's noch weh?«

»Überhaupt nicht mehr!« log ich.

»Na sehen Sie.«

Ich marschierte tapfer in dem Zimmer herum und versuchte verzweifelt, ja nicht zu hinken.

»Und nun kommen Sie!«

Wir machten uns auf den Rückweg. Unterwegs erzählte mir Siodmak von einem anderen Heilerfolg:

»Vor ein paar Jahren war ich in Philadelphia in einem Konzert. Bruno Walter dirigierte. Er war damals schon über siebzig. Nach einer guten halben Stunde mußte das Konzert abgebrochen werden. Es wurde angesagt: ›Herr Professor Walter ist unwohl. Wir bitten Sie, sich zu gedulden, wir werden Ihnen in Kürze sagen können, ob das Konzert fortgesetzt werden kann.‹ Ich ging hinter die Bühne und fragte nach Bruno Walter. Man wollte mich nicht zu ihm lassen. ›Ich bin Arzt‹, log ich. Aber der Arzt war schon bei ihm.

›Ich bin ein Spezialist, und ein Freund.‹

Man ließ mich zu ihm. Bruno Walter lag mit schmerzverzerrtem Gesicht auf einer Couch. Ich stellte mich vor.

›Ja, was wollen SIE denn von mir?‹

›Ich kann Ihnen helfen, Maestro!‹

›Das würde mich aber wundern. Seit Jahren kann mir keiner helfen. Ich war auf der ganzen Welt bei unzähligen Ärzten, Chiropraktikern, Orthopäden, Akupunkteuren: Nichts! Ich werde aufgeben müssen. Ich kann einfach meine Arme nicht mehr heben, oder können Sie mir sagen, wie man ohne Arme dirigieren kann?‹

›Ich weiß, was Ihnen fehlt‹, sagte ich.

›Ja, das weiß ich auch. Mir fehlt Jugend!‹

›Nein‹, widersprach ich, ›Ihnen fehlt gar nichts. Aber Sie haben Plattfüße.‹

›Woher wissen Sie das?‹ fragte er, offensichtlich peinlich berührt. ›Sie haben mich doch gar nicht untersucht.‹

›Darf ich?‹

›Na, machen Sie schon, wenn's nicht hilft,
wird's hoffentlich nicht schaden.‹

Ich zog ihm die Socken aus und sah diese
Prachtexemplare von Plattfüßen vor mir.

›Darf ich mal Ihre Schuhe sehen? – Haben
Sie Zeitungen hier?‹

›Jede Menge, nehmen Sie die Kritiken da.‹

Ich formte aus nassem Zeitungspapier ein
Paar Einlagen und knetete sie in seine Lack-
schuhe.

Zehn Minuten später stand Bruno Walter
auf seinem Podium und dirigierte das Konzert
zu Ende. Jetzt ist er über achtzig und dirigiert
immer noch!«

Wir waren wieder beim »Atelier« angelangt. Siodmak wurde mit großem Hallo empfangen.

»Ja, Robert, wo warst du denn die ganze
Zeit?«

»Ich habe meinen Teufel geheilt. Hier, das
ist mein Teufel!«

Er schob mich vor in den Kreis seiner
Freunde. »Schaut ihn euch an. Der spielt den
Bruno Lüdke in meinem Film! Kommen Sie,
zeigen Sie's ihnen: Schauen Sie mal beese! –
Seht mal, wie beese der gucken kann!!!«

Als ich wenig später mit teuflischen Schmerzen in der Wade das »Atelier« verließ, »vergaß« ich meinen Krückstock. Sicher ist sicher.

Der Chargenspieler

Am Theater galten meine Bewunderung und meine Verehrung sicher den großen Protagonisten. Doch meine heimliche Liebe waren immer die Chargenspieler, die Darsteller der kleinen Charakterrollen. Einer von ihnen war Hans Magel. Er war Hesse. Wenn er sprach, tölte er etwas. Am besten war er, wenn er auf der Bühne die Rolle eines Schauspielers spielte. Dann zeigte er unerbittlich die Schwächen, die üblen wie die liebenswerten dieses Berufsstandes auf. Aber vor allem war er ein Original. Er vereinigte auf sich mehr Ticks und Spleens, als ich je bei einem einzelnen Menschen angetroffen habe.

Während der Theaterferien pflegte er ins Gebirge zu fahren. Er begab sich morgens, mit einem Klappstuhl und Proviant versehen, zu einem Eisenbahntunnel, setzte sich auf sein Stühlchen und beobachtete von morgens bis abends die Züge. Wenn er davon berichtete, kam er ins Schwärmen:

»Es ist phantastisch, wenn da die Züge in den Tunnel HINEINfahren oder wenn sie da HERAUSkommen!«

Einmal erzählte er mir: »In den letzten Ferien war ich bei Innsbruck, am Tunnel des Bergisel: Ich war enttäuscht! Also nächstes Jahr fahre ich wieder zum Simplon, da weiß ich, was ich habe. Ja, der Simplon ist für mich das Höchste! Und dann kommt der Gotthard.«

Hans Magel war allergisch gegen neue Kleider. Das brachte ihn am Theater oft in Schwierigkeiten, wenn man ihn, wie alle andern, in ein neues Kostüm stecken wollte. Aber er bestand auf einem getragenen Kostüm aus dem Fundus. Privat war es leichter. Er pflegte seine Kollegen um abgelegte Kleider zu bitten. Zu mir, der ich stolzer Besitzer eines zweiseitig tragbaren Dufflecoats war, sagte er einmal:

»Herr Adorf, Sie haben da ja einen wunderschönen Mantel! Wann schmeißen Sie ihn weg?«

Er liebte hingegen alles, was glänzte, Juwelen, Gold, Uhren, aber er verschmähte auch nicht falschen Schmuck auf der Bühne. Er ließ keine

Gelegenheit aus, sich mit Theaterpreziosen zu behängen. Wir spielten einmal zusammen die beiden Wallensteinmörder, er den Deveroux, ich den Macdonald. Für eine der letzten Proben hatte sich Magel aus der Requisite einen Ring mit einem riesigen, funkelnden Stein geholt und an den Zeigefinger gesteckt. Bevor unsere Szene begann, saßen wir auf der dunklen Bühne, auf einer Treppe. Als die Scheinwerfer ganz allmählich aufglommen, suchte Magel das Licht mit dem geschliffenen Stein, so daß unzählige kleine Reflexe wie Glühwürmchen in den Zuschauerraum flimmerten.

Schweikart, der Regisseur, unterbrach die Probe: »Magel, was machen Sie denn? Was haben Sie denn da?«

»Einen Ring, Herr Schweikart.«

»Ja, um Gottes willen, Sie spielen einen kleinen gedungenen Mörder. Das aber ist mindestens der Ring eines Bischofs!«

»Dann habe ich den eben einem Bischof geraubt!« entgegnete Magel. Er durfte den Ring behalten.

Hans Magel hatte aber auch einen wirklichen Fehler: Er nahm es mit der Zeit nicht sehr genau. Oft kam er zu spät zu den Proben. Schweikart drohte ihm mehrmals mit Entlassung. Wir probten damals »Meuterei auf der Caine«. Magel spielte einen der beiden Gerichtspsychiater.

Immer wieder kam Magel zu spät zu den Proben. Schweikart drohte mit Konventionalstrafe, aber Magel kam zu spät. Das nächste Mal würde es Entlassung bedeuten. Wir standen etwa vierzehn Tage vor der Premiere, die am 11. Oktober (1955) sein sollte. Aller Probenurlaub für Funk, damals die wichtigste Nebeneinnahme der Schauspieler – es gab ja noch nicht das Fernsehen –, war bis nach der Premiere gestrichen.

Am nächsten Morgen: wer nicht pünktlich kam, war Hans Magel. Schweikart kochte. Nach über zwanzig Minuten hörte man Magel die Treppe zur Probenbühne herunterkommen. Wir alle harrten des Gewitters, das sich nun unfehlbar auf den armen Magel entladen mußte. Schweikart stand auf und holte Atem für Magels Rausschmiß. Doch der ließ ihn nicht zu Wort kommen und verkündete außer Atem:

»Herr Schweikart, ich habe am dritten und

vierten Oktober in Baden-Baden einen FUNK!« Schweikart war sprachlos, Magel blieb.

Ein andermal versäumte Magel bei einer Premiere einen Auftritt. Wieder war Schweikart der Regisseur. Er war zum Bühneneingang gegangen und wartete händeringend auf Magel. Als der, keineswegs laufend, erschien, schrie Schweikart verzweifelt: »Magel, Sie haben einen Auftritt versäumt!«

Seelenruhig sagte Magel: »Herr Schweikart, ich habe doch *noch* einen!«

Wir spielten zusammen in einem Stück von Asmodi: PARDON WIRD NICHT GEGEBEN. Eines Tages rief Magel beim Bühnenpförtner an und fragte: »Herr Ermer, was wird denn heute abend gespielt?«

Der konsultierte den Spielplan und sagte: »Pardon wird nicht gegeben.«

»Wird nicht gegeben«, sagte Magel und erschien nicht zur Vorstellung.

Was wir alle nicht wußten: Magel war krank. Er war Diabetiker. Aber er lehnte es grundsätzlich ab, sich Insulin spritzen zu lassen, geschweige denn selbst zu spritzen. Er war erst 53 Jahre alt, als er starb. Er war während einer Vorstellung zusammengebrochen. Man brachte ihn in seine Garderobe im ersten Stock. Wie immer lehnte er eine Injektion ab.

Er wollte auch nicht liegen oder sitzen. Er stand, eine Hand auf den Schminktisch gestützt. Nach dem Ende der Vorstellung fragten Kollegen, ob sie ihn nach Hause bringen oder bei ihm bleiben sollten. Er lehnte ab.

»Laßt mich nur allein. Ich warte, und wenn ich mich gut genug fühle, werde ich nach Hause gehen. Macht euch keine Sorgen um mich.« Sie ließen ihn allein. August Everding hatte gleich nach der Vorstellung eine Umbesetzungsprobe angesetzt und studierte auf der Probenbühne, mit Anton Reimer, glaube ich, Magels Part ein. Gegen ein Uhr nachts machte der Pförtner, Herr Ermer, seinen Rundgang und sah Licht unter der von innen verriegelten Toilettentür im Treppenhaus auf der Herrenseite. Er meldete dies Everding, und die beiden gingen, mit dem nötigen Werkzeug bewaffnet, um die Tür zu öffnen.

Der tote Hans Magel fiel ihnen nackt entgegen und kam auf dem Treppenabsatz zu liegen. Die Polizei kam, die an der Vorstellung beteiligten Kollegen wurden wieder ins Theater gerufen und stiegen über den unbedeckten toten Magel auf der Treppe, da die Polizeibeamten sich in Magels Garderobe installiert hatten. Als Polizei und Schauspieler Stunden später das Theater verließen, stand auf der leeren Bühne, die nur von einer Lampe hoch oben im Schnürboden beleuchtet war, ein offener Zinksarg. Hans Magel lag nackt mitten auf der großen Bühne. Zwei Frauen wuschen die Leiche...

Tage, Wochen nach Hans Magels Tod gingen bei der Intendanz der Kammerspiele Briefe von mehreren Münchener Juwelieren ein, in denen jene einen Besuch in Sachen Hans Magel erbaten. Voller Sorge, auf einen Schuldenberg des Verstorbenen zu stoßen, machte sich Everding auf den Weg zu eben jenen Schmuckgeschäften. Doch zu seiner Überraschung handelte es sich nicht um Schulden, im Gegenteil, bei allen hatte Magel Schmuckstücke gekauft und bezahlt, aber nicht mitgenommen mit der Bemerkung:

»Es ist nicht die Zeit, es ist nicht die Stunde.«

Avanti! Adelante!

Nach dem kommerziellen Mißerfolg meines ersten italienischen Films DER RITT AUF DEM TIGER mußte ich, wollte ich es je in Italien zu etwas bringen, wieder ganz kleine Brötchen backen. Ich spielte in Antonio Pietrangelis DER BESUCH die winzige Rolle des Dorftrottels Cucaracha neben der lustigen Sandra Milo und dem großartigen François Perrier. Es wurde in der unteren Po-Ebene, der Bassa Padana im Dreieck Mantua – Padua – Ferrara gedreht.

Der Produktionsleiter hieß Paolo Cantagalli. Er hatte gehört, daß ich von der Seite meines Vaters aus Kalabrien stammte, und wollte Einzelheiten wissen. Er umarmte mich gerührt als Paisà, als Landsmann, und rief:

»Menniti? Professor Menniti? Den habe ich gut gekannt. Er ist vor ein paar Jahren gestorben, nicht wahr? Ich habe einmal der Pina, der schönsten seiner drei Töchter, den Hof gemacht! Wissen deine Stiefschwestern über dich Bescheid? – Nein? Also wenn ich nach Locri zurückfahre, werde ich ihnen von dir erzählen, die werden Augen machen!«

Ich habe Paolo nach dem Film nicht mehr wiedergesehen und auch von meinen drei Stiefschwestern nichts weiter gehört. Erst fünfzehn Jahre später, ich stand in Rom auf der Bühne des Teatro Argentina, wir spielten Horváths GESCHICHTEN AUS DEM WIENER-WALD, klopfte es eines Abends nach der Vorstellung an meiner Garderobe. Auf mein »Avanti!« öffnete sich zaghaft die Tür, und vor mir stand eine sehr schöne schwarzhaarige Frau, die mich fragte: »War Ihr Vater der Professor Menniti?«, und als ich nickte, sagte sie: »Meiner auch.« Wir schauten einander lange in die Augen, und zum ersten Mal in meinem Leben verspürte ich ein unmittelbares Verwandtschaftsgefühl mit einem anderen Menschen. Sie schickte Ehemann und Sohn kurzerhand nach Hause, und wir sprachen eine ganze Nacht lang miteinander.

Da erfuhr ich auch, daß Paolo Cantagalli tatsächlich vor Jahren von einem Stiefbruder, der Schauspieler wäre, gefaselt hätte. Da sie, Pina, und ihre beiden Schwestern sich dies von ihrem Vater einfach nicht vorstellen konnten und da jener Paolo als ein Schwätzer galt, hätte man ihm nicht geglaubt. Denn Pina hatte ihren Vater bis zu seinem Tod gepflegt und erst danach in seinen geheimen Papieren entdeckt, daß er Freimaurer war.

Von einem Sohn hätte da doch irgendeine Spur sein müssen. Jahre später wäre das gleiche Gerücht noch einmal aufgeflackert, aber erst als ihr Sohn Manfredi mich nun im Theater gesehen und die Ähnlichkeit mit seinem Großvater festgestellt hätte, hätte sie sich ein Herz gefaßt... Schade wäre nur, daß sie und ihre Schwestern Paolo Cantagalli damals nicht mehr Glauben geschenkt hätten, man hätte sich fünfzehn Jahre früher kennengelernt.

Ob Paolo ihr denn tatsächlich den Hof gemacht hätte, wollte ich wissen. Sie lachte und sagte, Paolo sei allen Mädchen in Locri nachgelaufen, ein bekannter Schürzenjäger.

Dieser Ruf wäre jedoch eines Tages empfindlich ins Wanken gekommen: Paolo hatte in Mailand die Tochter eines Großindustriellen kennengelernt. Sie verliebte sich Hals über Kopf in Paolo, und bevor dieser wußte, wie ihm geschah, war Verlobung gefeiert und die baldige Hochzeit festgesetzt. Paolo, der ein eingefleischter Junggeselle war, fühlte sich offenbar überfahren. Als er in Rom einem Freund und Anwalt seine allzu rasante Liebesgeschichte erzählte, riet ihm dieser, daß, wenn schon die Hochzeit nicht mehr rückgängig zu machen wäre, es nur einen Ausweg gäbe – Paolo dürfe die Ehe nicht vollziehen.

Gleich nach der Hochzeit brach das junge Paar zur üblichen Hochzeitsreise nach Portofino auf. Am Abend stand ein verzweifelter Paolo auf der Terrasse seiner Suite des Hotels »Splendid« und schaute hilfesuchend zum Mond hinauf, während ungeduldig lockende Rufe aus dem Brautgemach drangen. Er ließ seine Angetraute lange warten, bevor er ins Zimmer trat. Er nahm Kopfkissen und Decken von seiner Bettseite und sagte feierlich zu seiner Braut: »Ich kann nicht mit dir schlafen, ich bin verliebt! Ja, ich habe mich in den Mond verliebt!« – Hier muß ich darauf hinweisen, daß im italienischen der Mond La Luna heißt und weiblich ist. – Dann ging Paolo hinaus und schlief in dieser Nacht und auch in den folgenden Nächten auf der Terrasse, im Mondlicht. Die enttäuschte Braut zog ihre eigenen Schlüsse aus Paolos Zurückhaltung, und beim ersten Besuch in Kalabrien bei Paolos Familie geschah es, daß sie bei einer scherzhaften Anspielung eines Freundes auf Paolos Ruf als Hahn im Korb und der Frage nach den »Umständen«, in denen sie sich wohl schon befände, in helles Lachen ausbrach. Der Skandal war perfekt, und nach der kürzest möglichen Zeit wurde die Ehe durch die Sacra Rota in Rom ungültig erklärt.

Diese Geschichte erinnerte mich wieder an eine andere, die damals in Ferrara während der Dreharbeiten passiert war. Es waren sehr heiße und schwüle Julitage in der Bassa, der Ebene um Ferrara, gewesen. Obwohl müde von der Arbeit, saßen wir an den langen Abenden nach dem Essen oft noch in der relativ kühlen Nachtbar im Keller des Hotels und schauten uns das stumpfsinnige Show-Programm mit dem üblichen, aufdringlichen Conférencier und seinen alten, zweideutigen Witzen an, den fetten Zauberkünstler im speckig glänzenden Frack, der Wachsblumensträuße, weiße Kaninchen und Tauben aus seinem Zylinder zauberte. Hinzu kam das junge Akrobatenpärchen auf Rollschuhen und ein knödeliger Schnulzensänger mit gefärbten Haaren.

Aber der Clou des Programms war schließlich der Auftritt einer spanischen Tänzerin, vom Conférencier überschwenglich als »Königin des Flamencos, Señorita Carmen Miranda« angepriesen. Sie war eine nicht mehr ganz junge und schlanke spanische Schönheit, die, von zwei laut klampfenden und heiser singenden Gitarrespielern begleitet, kastagnettenknatternd die bunten Volantröcke hochwarf, so daß massive Knie und Waden sichtbar wurden. Mit den klobigen Absätzen ihrer roten Schuhe hämmerte sie stereotype Rhythmen auf eine Holzplatte, unter dem stolz-leidend erhobenen Kopf zitterte ein beachtlicher Busen. Im Gegensatz zum üblichen gesetzten Hotelpublikum machten wir Stimmung, spendeten übertriebenen Beifall und schindeten mit lauten Bis!-Rufen Zugaben.

Paolo Cantagalli tat sich dabei besonders hervor. Er sprang auf und applaudierte Carmen, prostete ihr zu, schrie »Olé!« und imitierte ihre Flamencoschritte, und als Carmen eines Abends auf ihn einging, ihm beim Tanzen professionell feurige Blicke zuwarf, geriet er aus dem Häuschen und schickte ihr eine Flasche Champagner aufs Zimmer.

Am nächsten Tag fand Paolo ein Kärtchen in seinem Schlüsselfach, mit dem Carmen sich bei ihm bedankte.

Sandra Milo, immer zu einem Scherz aufgelegt, hatte das Kärtchen vorher entdeckt und eine Einladung zu einem Tête-à-tête nach der Show in Carmens Zimmer hinzugefügt. Paolo verschwieg uns nicht seinen »Erfolg« bei Carmen, und am Abend konnten wir aus sicherer Entfernung beobachten, wie er an ihre Tür klopfte, zu seinem Erstaunen aber mit einem heftigen spanischen Wortschwall abgewiesen wurde. Wir trösteten ihn und ermutigten ihn, nicht aufzugeben. Denn Sandra Milo hatte eine neue Idee. Wieder lud sie Paolo, Carmen Mirandas Schrift und Hispano-Italienisch imitierend, zu einem Stelldichein, diesmal jedoch in einem anderen Zimmer, da sie ihre eifersüchtigen spanischen Begleiter abschütteln müsse. Voller Stolz zeigte Paolo das Briefchen herum und sah fiebernd dem Abend entgegen. Eine Stunde vor dem Rendezvous trafen wir uns in dem eigens gemieteten Hotelzimmer. Unser Filmdekorateur verwandelte mit ein paar bunten Tüchern, die er über die hellen, scheußlichen Nachttischlampen hängte, den unpersönlichen Raum in eine schummerige Lasterhöhle.

Inzwischen richteten Garderobieren und Maskenbildner Sandra Milo mit improvisierten Rüschen, Perücke, Haarkamm und Mantilla als Carmen Miranda her, und es gab lachendes Staunen, als Sandra, so verwandelt, ins Zimmer rauschte. Sie legte sich aufs Bett, die Röcke kunstvoll um sich drapiert, und probierte ein paar spanische Redewendungen aus, die sie sich für ihre Rolle zurechtgelegt hatte. Wir Zuschauer zogen uns ins Badezimmer zurück, von dem aus wir die Szene beobachten wollten. Wir waren viel zu zahlreich für das kleine Bad. So stiegen einige auf Badewanne, WC und Waschbecken, andere kletterten auf die Heizung und klammerten sich an Wasserrohre. Schließlich bildeten wir eine waghalsige Pyramide bis zur Decke hinauf, denn keiner wollte sich das Schauspiel im Zimmer entgehen lassen. Unser Ausguckposten stürzte herein und kündigte Paolos Kommen an. Man löschte das Deckenlicht in Bad und Zimmer. Sandra räkelte sich verführerisch auf dem Bett, und als es klopfte, stieß sie ein forsches »Adelante!« aus. Wir hörten noch, wie Paolo eintrat und so etwas wie »Buenas noches!« murmelte. Doch keine zwanzig Sekunden später krachte es, war's das Bett? Sandra schrie auf, unsere Pyramide geriet ächzend ins Wanken und brach unter Lachen und Schmerzenslauten zusammen. Das Deckenlicht im Zimmer flammte auf. Sandra saß mit verrutschter Perücke im Bett und bog sich in einem Lachkrampf. Vom Bett stieg nackt, mit beiden Händen seine Scham bedeckend, Paolo Cantagalli herunter. Mit hochrotem Kopf hielt er Ausschau nach seinen im Zimmer verstreuten Kleidern. Wir hielten uns den Bauch vor Lachen, und einige stimmten Kikeriki-Rufe an, denn Cantagalli bedeutet nichts anderes als Hähnekrähen.

Sir Alecs schlechte Laune

Boleslav Barlog, der Intendant des Berliner Schiller-Theaters, ruft wieder einmal an. »Adorf, ick habe eine tolle Rolle für Sie!« lispelt er berlinernd. Ich hatte bei ihm schon den »Woyzeck« spielen sollen, den König in Anouilhs »Becket oder die Ehre Gottes«. Es hatte nie geklappt. Ein Schauspieler, Säule des Ensembles, wollte den Woyzeck spielen und drohte mit Kündigung, beim »Becket« legte der Regisseur sich quer.

»Was soll's denn sein?« fragte ich.

»Ionesco, ›Der König stirbt‹, eine großartige Rolle für Sie. Sie haben doch schon einmal Ionesco mit Erfolg gespielt.«

Das stimmte nur bedingt. Ich hatte unter Schweikart in München neben der großen Tilla Durieux und meinem Lehrer Peter Lühr in den »Stühlen« den taubstummen Redner gespielt, eine Wurz'n, wie man beim Theater eine sehr kleine Rolle nennt. –

»Ich schicke Ihnen das Buch.«

Ich hatte das Stück schon in Paris in einem kleinen Theater am Boulevard Raspail mit Jacques Mauclair gesehen und wäre nie auf die Idee gekommen, diese Rolle spielen zu wollen.

Ein paar Tage später ruft Barlog wieder an und will wissen, wie ich das Stück und die Rolle finde. Ich mache Ausflüchte, daß ich vielleicht nicht der Richtige für die Rolle sei, daß ich dem Stück nicht allzu viel abgewinnen könne... Er sagt: »Ich verstehe Sie nicht, Adorf. Das ist eine großartige Rolle, und wenn Sie mir nicht glauben, Alec Guinness spielt sie gerade in London und hat einen Riesenerfolg damit. Fliegen Sie rüber und sehen Sie sich's an. Ich lade Sie ein.«

Schon zwei, drei Tage später stehe ich im Foyer des Royal Court Theatre im Gedränge. Ausverkauft! Ich erkläre der Dame an der Kasse und einem Mann mit Schirmmütze, wer ich sei, und den Grund meines Kommens. Nichts zu machen. Ich spiele Verzweiflung, Enttäuschung, während ich schon überlege, wo ich zu Abend essen könnte. Da kommt ein unauffälliger Herr auf mich zu und bittet mich zu warten. Nach fünf Minuten kommt er zurück, spricht mit der kühlen Blonden an der Kasse und wendet sich mit einer Eintrittskarte in der Hand an mich:

»Sir Alec bietet Ihnen seine persönliche Freikarte an und würde sich freuen, Sie nach der Vorstellung in seiner Garderobe zu empfangen.«

Ich sehe mir die Vorstellung an. Eigentlich hatte mir die Pariser Aufführung besser gefallen auf jener winzigen Bühne mit dem gallisch temperamentvollen Mauclair. Wie schon bei einer früheren Gelegenheit in »Ross«, einem Stück über Lawrence von Arabien, schien mir Alec Guinness sehr distanziert, sehr britisch kühl. Nach der Vorstellung führt mich der Unauffällige zu Sir Alecs »dressing-room«. Er klopft. Von innen höre ich ein mattes »Come in«. Er läßt mich eintreten. Ich grüße, stelle mich vor und bedanke mich für die Eintrittskarte. Sir Alec sitzt an seinem Schminktisch, im roten, seidenen dressing gown, und spielt seinem Spiegelbild den erschöpften Schauspieler vor. – Ich erzähle ihm, daß man in Berlin wünsche, daß ich die Rolle dort spielen solle, und daß ich nach London gekommen sei, um eine Entscheidung zu treffen. Er fährt fort, sich mit einem kleinen Wattebausch die

Abschminke wegzutupfen, und aus seinem
Mund tropft ein lakonisches:
»Don't!«

Am nächsten Tag fliege ich nach München zurück und rufe Barlog an. Ich erzähle ihm die
ganze Geschichte bis zu dem kategorischen
»Don't!« Sir Alecs. Diesem Don't hat selbst
Barlog kein Argument entgegenzusetzen. Ich
werde »Der König stirbt« nicht spielen.
    Viele Jahre später, Anfang der 80er Jahre,
bekam ich in London eine Rolle in John Le-
Carrés »Smiley's Leute«. Den George Smiley spielte in dieser Fernseh-Serie, wie man
weiß, Sir Alec Guinness. Eines Tages ergab es
sich, daß wir beide in der Nähe des Aufnah-
meortes wartend auf unseren Stühlen saßen.
Sir Alec studierte, wie in jeder freien Minute,
seinen Text, den er mit der Hand in ein Notizbuch geschrieben hatte. Als sich zufällig einmal unsere Blicke trafen, ergriff ich die Gelegenheit, ein Gespräch über unser damaliges
Treffen und sein »Don't!« anzuknüpfen. Sir
Alec zog die Augenbrauen hoch und legte den
Kopf etwas schief, wie eben nur Er es kann,
und entließ eine zweite englische Einsilbig-
keit: »Why?« Er fragte mich allen Ernstes,

warum in aller Welt er denn »DON'T« hätte sagen sollen. Es sei doch ein Riesenerfolg gewesen, und ich hätte doch sicher die Rolle AUCH spielen können. Also nein, er verstehe überhaupt nicht, wieso er »DON'T« gesagt habe. – Es sei denn, daß er an jenem Abend durch irgendeinen Umstand schlecht gelaunt gewesen sei. – – –

So ist dem deutschen Theater meine Darstellung des Königs in Ionescos Stück durch Sir Alecs schlechte Laune erspart geblieben.

Hestons Problem

Anfang Februar 1964 sollten die Dreharbeiten zu »Sierra Charriba« von Sam Pekinpah in Mexiko beginnen. Wir flogen mit einer Chartermaschine von Los Angeles nach Léon. Von dort ging es in einer großen Autokolonne nach Durango, das für zwei Monate unser Hauptquartier sein sollte.

Wir waren früh zum Drehort, wo ein typisches Western-Fort aufgebaut war, hinausgefahren. Zum ersten Mal stiegen wir in unsere Kostüme, die blauen Yankeeuniformen des amerikanischen Bürgerkriegs. Ich stand mit Jim Hutton plaudernd herum – wir hatten uns im Flugzeug angefreundet –, als Charlton Heston, der Star des Films, auftauchte. Als er uns begrüßte, tat er dies mir gegenüber aus der imposanten Höhe seiner 1 Meter 94 herab, doch als er sich Jim gegenüber sah, dessen Gardemaß 2 Meter 03 betrug, huschte eine merkliche Irritation über sein kantiges Gesicht, und seine Kaumuskeln setzten sich in mahlende

Bewegung, was, wenn man ihn kannte, Nachdenken signalisierte. Sehr bald verschwand er, kam nach einiger Zeit zurück, und als er wie zufällig hart an Jim Hutton vorbeiging, blickte er diesem, ohne im geringsten hochzuschauen, genau in die Augen. Erstaunt beobachtete ich dieses Phänomen der wunderbaren Erhöhung, bis ich die Absätze der hochschaftigen Stiefel des davonschreitenden »Chuck« Heston sah. Er hatte sie sich gute sechs, acht Zentimeter aufstocken lassen, obwohl die Offiziersstiefel der damaligen Zeit im Gegensatz zu den bekannten Westernstiefeln sehr flache Absätze haben sollten.

Etwas später sah ich, wie sich Heston und James Coburn begrüßten und unterhielten. Coburn, mit 1 Meter 93 kaum kleiner als Heston, verschwand nach einem erstaunten Blick auf den »großen« Heston und kam wie dieser mit hohen Absätzen wieder. Der Produktionsschuster hatte an diesem Morgen Hochkonjunktur, denn ich konnte ungläubig beobachten, wie es alle anderen Hauptdarsteller, zum Beispiel Richard Harris, der es immerhin noch auf 1 Meter 86 brachte, zum Schuster zog. Schon vorher war ich mir neben all diesen Riesen wie ein Zwerg vorgekommen, so daß mir gar nichts anderes übrigblieb, als den entstandenen Größenunterschied ebenfalls durch höhere Absätze auszugleichen.

Doch wir alle hatten unsere Rechnung ohne den langen Jim Hutton gemacht. Auch er verschwand, und als er wieder auftauchte, schaute er wieder auf Charlton Heston und alle anderen herab.

Satan

In der ersten Szene des Films sollte ich als Ser-
geant Gomez zu Pferde eine Meldung bringen. Man schickte mich zu den Stallungen.
Dort sollte ich mir ein Pferd aussuchen. Als
ich hinkam, fand ich in dem riesigen Stall kein
einziges Pferd mehr. Nur vier Wranglers, die
Leute, die die Pferde betreuen, saßen herum,
kauten auf ihrem Kautabak und spuckten ab
und zu einen Strahl braunen Tabaksafts in den
Sand. Ich fragte nach meinem Pferd. Keine
Antwort. Nur einer zeigte mit dem Daumen
in die entfernte Ecke des Stalles, in der sich ein
hoher Holzverschlag befand. Als ich näher
kam, hörte ich aus dem Innern ein Trommel-
feuer von Huftritten gegen das Holz donnern.
Erschrocken blieb ich stehen und fragte in die
Richtung der Wranglers:

»Wie heißt es denn?«

»SATAN«, kam es müde aus dem Munde eines der Wrangler.

»Kann mir denn einer das Untier satteln?«

Keiner rührte sich. An der Wand auf einer Stange hing ein Sattel. Ich holte ihn herunter, hielt ihn schützend vor mich, während ich den Türriegel des Verschlags zurückschob und die Tür öffnete.

Ich überspringe schamhaft die folgende, erniedrigende Viertelstunde in dem Verschlag mit Satan. Als ich endlich den Sattel droben hatte, waren wir beide schweißgebadet.

Alle warteten schon auf mich. Charlton Heston saß wie ein Denkmal auf einem imponierenden Falben. Der Regieassistent erklärte mir den Weg, den ich zu reiten hatte, und zeigte mir die Stelle, wo ein kleiner Pfahl in die Erde geschlagen worden war, um den genauen Punkt zu markieren, wo ich Satan zum Halten bringen sollte. Ich galoppierte los. Aber Satan wollte absolut nicht in die Nähe der Markierung. Nochmals. Nichts zu machen. »Wir drehen einfach mal mit«, hieß es. Als die achte Aufnahme erfolglos abgebrochen wurde, gab es nachdenkliche Gesichter. Man hatte lange vor der Drehzeit, als mein Agent den Vertrag mit der Columbia diskutierte, wissen wollen, wie es mit meinen reiterlichen Fähigkeiten bestellt sei. Ich mußte hoch und heilig versichern, daß es damit kein Problem gäbe. Als man immer noch nicht überzeugt war, hatte ich mir auf den Kanarischen Inseln, wo ich in einem deutschen Western gespielt hatte, an einem Sonntag den Kamera-Assistenten genommen und mit meinem wunderbaren spanischen Vollblüter, der für den Stierkampf zu Pferde dressiert war, ein paar Reiterkunststückchen gedreht, die in Hollywood die letzten Zweifel an meiner Reitkunst ausräumen sollten. Es galt aber immer noch, daß mein Vertrag jederzeit kündbar war, wenn es beim Reiten Probleme gäbe. In diesem Augenblick sah ich mich schon wieder im Flugzeug zurück nach München sitzen. Der Regieassistent sprach in seine Flüstertüte:

»Mario, würdest du bitte absteigen?« Dann rief er nach Henry Wills. Der sollte nun Satan einige Male zeigen, wohin er gehen sollte, damit er auch vielleicht mit mir auf der gewünschten Markierung zu stehen käme. Nun muß man wissen, daß Henry Wills unter Reitkundigen einen Namen hatte wie in Deutschland ein Hans-Günter Winkler oder Fritz Thiedemann.

Hier war Henry der »ramrod«, der Chef der manchmal 400 Pferde zählenden Reiterei.

Henry kam, stieg auf den inzwischen nervösen und zitternden Satan, und ich wußte: Wenn er auf Anhieb auf dem richtigen Punkt zu stehen kam, war mein Rückflugticket fällig. Nun, ich wäre nicht der erste gewesen, tröstete ich mich vorsorglich.

Auch O. W. Fischer hatte man ohne viel Federlesen aus Hollywood zurückgeschickt. Als Henry dann anritt, betete ich: »Satan, sei kein Spielverderber, galoppiere da nicht hin, bitte, bitte nicht!«

Doch Satan ging unter Henrys eisernen Schenkeln genau den Weg, den er gehen sollte. Mein Herz sank in die verschwitzten Hosen. Noch vier Meter, noch drei Meter, dann machte Satan einen Satz, brach seitlich aus, und Henry fluchte leise. Er versuchte es noch einmal. Nichts zu machen. Bravo, Satan! Henry stieg seelenruhig vom Pferd und sagte: »Change the horse!« Wechselt das Pferd. Und spazierte davon. – Ich war gerettet.

Der Tagtraum

In der Zeitung las ich einmal einen merkwürdigen Satz. Der Regisseur Werner Herzog be-
hauptete da:

»Filme werden ja eigentlich mehr mit den
Beinen gemacht, aus den Knien heraus...«

Vor der Fußball-Weltmeisterschaft in Spa-
nien lernte ich den Fußballer Paul Breitner
kennen. Ich sagte zu ihm, wenn man einen
Film über dieses große Fußballereignis plane,
so könne es doch wohl keinen besseren Regisseur für einen solchen Film geben als Werner
Herzog, und ich zitierte jenen bemerkens-
werten Satz. Zu meiner Enttäuschung winkte
Paul Breitner ab: »Fußball wird ja weniger mit
den Beinen gespielt als mit dem Kopf.«

Und eine begleitende Geste machte klar,
daß er nicht den mit der Stirn gespielten Ball
meinte, sondern das Köpfchen.

Später einmal sah ich im Fernsehen, wie einer
unserer prominenten Politiker äußerte: »Poli-

tik wird ja weniger mit dem Kopf gemacht – als mit den Fingerspitzen.«

Ob solcher Zweckentfremdung blieb ich lange Zeit ratlos und verwirrt. – Bis mir ein regelrechter TAGTRAUM widerfuhr: Ich wandere in einer südlichen Landschaft umher, in einer mir unbekannten Gegend der Côte d'Azur. Da taucht hinter Palmen und Pinien ein riesiges Scheunendach auf. Teile des Daches bestanden aus großen Glasscheiben. Ich nähere mich und bemerke am Kopfende der Scheune ein Tor und darin eine kleine Tür. Sie läßt sich öffnen. Ich trete ein.

Zu meinem Erstaunen sind alle Wände der Halle mit Ölbildern großen Formats behängt. Eines über und neben dem anderen. Die Bilder kommen mir bekannt vor, nicht alle, aber einige. Am anderen Ende der Halle steht, den Rücken mir zugewandt, ein kleiner, kahlköpfiger alter Mann, Pinsel in der Hand, vor einer großen Staffelei. Er ist nackt und trägt nur eine Schürze: Picasso! – Aber der ist doch tot! denke ich. Und dann: Dieses Schlitzohr! Der IST gar nicht gestorben! Er lebt und malt munter weiter. Daher die unzähligen Bilder, dieses unglaublich große Werk! – Ich bin näher herangekommen, da dreht der Mann sich um: Es IST Picasso, kein Zweifel. Mit seinen schwarzen Augen blitzt er mich zornig an und zischt: »Qu'est-ce que vous foutez ici?« Was treiben Sie denn hier? Ich stottere herum und bringe schließlich heraus: »M-M-M-onsieur P-P-P-icasso, ich wollte Sie nur eines fragen: WOMIT MALEN SIE IHRE BILDER?«

Picasso schüttelt verständnislos den Kopf und sagt: »Mit dem Pinsel natürlich.«

Da wachte ich auf aus meinem Tagtraum, und die Welt war wieder in Ordnung.

Der Menschenfreund

Giuseppe de Santis, der Regisseur des Films
BITTERER REIS, hatte mir seine Wohnung in
der Nähe des Campo de' Fiori verkauft. Ein
paar Monate später traf ich ihn auf der Straße.
»Mario«, sagte er, »ich sehe, daß du größere
Arbeiten in der Wohnung machen läßt. Ich
hab' dir das nicht gesagt, aber es gibt da einen
Bauplan noch aus Mussolinis Zeiten, daß vom
Gianicolo herunter eine gerade Straße zur
Chiesa Nuova geführt werden sollte. Diese
Straße würde nun mitten durch dein Haus
laufen, und das würde dann natürlich abgeris-
sen.« »Du bist mir ja ein schöner Mascal-
zone!« schimpfte ich, doch er meinte beruhi-
gend, daß es, wenn überhaupt, zu unseren
Lebzeiten nicht dazu kommen werde, denn
dann müßte ja auch das Gefängnis REGINA
COELI, das auf der gleiche Trasse läge, daran
glauben, und das wäre ja kaum vorstellbar.

Ein paar Monate später begegneten wir uns
wieder, denn er wohnte jetzt nur einen Stein-

wurf von mir entfernt in der Via Monserrato, und ich war inzwischen in die neue Wohnung eingezogen. Wieder hängte er sich vertraulich in meinen Arm und erzählte mir, warum er mir eigentlich seine Wohnung verkauft habe. »Man hat dreimal bei mir eingebrochen. Zuerst hat man mir meine Sammlung russischer Ikonen gestohlen, dann meine ganze antike Silbersammlung und zuletzt meine etruskischen Bronzen. Ich konnte es einfach nicht mehr ertragen! – Ich habe es leider versäumt, aber dir würde ich raten, eine Alarmanlage einzubauen!« –

Ich machte mich auf die Suche nach einem Alarmanlagentechniker. Man hatte mich davor gewarnt, einen Römer für diese Arbeit zu verpflichten. Die einheimischen Spezialisten würden alle unter einer Decke mit der Zunft der römischen Diebe stecken. Eines Tages erhielt ich durch einen Freund die Adresse eines renommierten Mannes und war höchst beunruhigt, als ich hörte, daß es sich um einen Neapolitaner handelte. Das hieße doch, den Bock zum Gärtner zu machen. Aber mein Freund machte mir klar, daß gerade die Neapolitaner die geeignetsten Spezialisten für Alarmanlagen seien, eben weil es in Neapel die genialsten

Diebe gäbe. Das leuchtete mir wiederum ein, und ich bestellte den Mann zu mir. Ich hatte erwartet, einen Handwerker zu treffen, aber der weißhaarige Herr mit dem sympathischen, intelligenten Gesicht glich eher einem Künstler oder einem Gelehrten. Ich führte ihn durch die Wohnung. Er schaute sich alles ohne jeden Kommentar an. Am Ende lud ich ihn zum Sitzen ein.

Er zündete sich eine Zigarette an und begann im sympathischen neapolitanischen Singsang zu reden: »Wenn Sie meine Meinung hören wollen«, er machte eine längere Pause, in der ich mimisch meine erwartungsvolle Zustimmung gab, und fuhr fort:

»An der Eingangstüre brauchen wir keine Vorrichtung. Das Eisengitter und die solide Tür würden keinen Dieb ermutigen, einen Einbruch zu versuchen.«

Auch sprachlich die blumige Eleganz des Süditalieners.

»Den schwächsten Punkt stellt zweifellos der Eingang zur Terrasse dar. An der Tür können sich Diebe in aller Ruhe zu schaffen machen. Hier nützt kein noch so sicheres Schloß. Also brauchen wir hier einen Alarmmechanismus, der durch eine Unterbrechung des elektrischen Stromnetzes, d. h. einen Kurzschluß von außen, nicht außer Funktion gesetzt werden kann. Auch hinter dem Eisengitter müssen wir das Fenster sichern. Wenn die Diebe Zeit haben, können sie jedes Gitter durchsägen. Das wäre auch schon alles. Wenn Sie es wünschen, werde ich einen Kostenvoranschlag erstellen...«

»Einen Augenblick«, unterbrach ich ihn, »und die Fenster zum Wohnzimmer? Vom Nachbardach herunter ist es nur ein Schritt, und man steht auf meinem Fenstersims. Eine Kleinigkeit, die Scheiben einzudrücken!«

Er machte wieder eine Pause und schaute mich vorwurfsvoll an. Dann stellte er mir wie ein Lehrer eine Frage:

»Wozu dient eine Alarmanlage?«

»Damit nicht eingebrochen wird!«

»Falsch!« korrigierte er, »der Einbruch kann ja durch das Vorhandensein einer Alarmanlage nicht a priori verhindert werden. Wozu also dient sie?«

»Damit der Dieb durch das Auslösen des Alarms von seinem Vorhaben Abstand nimmt«, schlug ich vor.

»Genauer bitte!« kam es zurechtweisend von ihm zurück.

»Damit der Dieb, durch den Alarm erschreckt, die Flucht ergreift«, versuchte ich's noch einmal.

Sein Zeigefinger schnellte vor:

»Ecco! Genau! Aber – diese Möglichkeit müssen Sie ihm lassen! Wenn er auf der Terrasse durch den Alarm erschreckt wird, kann er die Flucht über die Dächer ergreifen. Wenn er aber auf jenem schmalen Sims steht, und der Alarm geht los und erschreckt ihn, so fällt er vom vierten Stock hinunter aufs Pflaster und ist tot! – Wollen Sie das? – Ist das, was Sie schützen wollen, soviel wert, daß Sie das Leben eines Menschen riskieren würden?«

»Natürlich nicht«, beeilte ich mich verwirrt zu versichern.

»Wenn Sie auf einer Alarmvorrichtung an den Wohnzimmerfenstern bestehen, kann ich Ihnen meine Dienste nicht anbieten«, sagte er streng und stand auf. »Rufen Sie mich an, wenn Sie sich entschieden haben.«

Mir fuhr es durch den Kopf, daß er vielleicht doch mit den römischen Dieben unter einer Decke stecken und ihnen über die Wohnzimmerfenster einen bequemen Einstieg offenhalten könnte, Neapolitaner hin, Römer her!

Ich geleitete ihn die Treppe hinunter zum Ausgang.

»Sei's drum!« hörte ich mich auf einmal in einer unerklärlichen Anwandlung von Sympathie für dieses neapolitanische Schlitzohr sagen. »Ich habe mich entschieden.«

Er wandte sich zu mir um und sah mich von unten herauf an:

»Ach ja? – Dafür oder dagegen?«

»Dafür«, sagte ich. »Machen Sie die Anlage so, wie Sie's für richtig halten!«

Und so geschah's. – Vierundzwanzig Jahre lang ist bei mir nicht eingebrochen worden.

Erst im fünfundzwanzigsten Jahr.

Barábba

Ardore heißt im Italienischen soviel wie
Hitze, Glut. Ardore heißt auch ein kleiner
Ort ein paar Kilometer westlich von Locri an
der ionischen Küste Kalabriens, und aus gu-
tem Grund: Ardore ist während des ganzen
Sommers wohl der heißeste Fleck Erde Süd-
italiens. Während der Sommerferien bewoh-
nen meine Stiefschwestern dort ein Haus, vor
das ihr Vater, der auch der meine war, jeweils
an dem Tag ihrer Geburt eine Schirmpinie ge-
pflanzt hatte. Als ich zum ersten Mal meine
Schwestern dort besuchte, waren es drei aus-
gewachsene, über zwanzig Meter hohe
Bäume.

Jeden Morgen lief ich die lange Allee hinunter, an der zu beiden Seiten Orangen- und
Mandarinenbäume standen. Durch ein großes
eisernes Tor ging es in eine staubige Straße, die
noch von griechischen Urzeiten her DROMOS
heißt: der Weg.

Ich durchquerte einen Pinienhain und kam

schließlich zur asphaltierten Hauptstraße. Ich trottete, die Morgensonne im Rücken, etwa vier Kilometer weit bis zum nächsten Dorf. Dann kehrte ich um. Inzwischen aber hatte die Sonne begonnen, den Teer aufzuweichen, so daß ich gezwungen war, über den Kiesstrand zurückzulaufen. Ich machte ein paar Freiübungen und fluchte auf Schlöndorff, der mir für die Rolle des Alfred Matzerath in der BLECHTROMMEL eine Abmagerungskur verordnet hatte. Patschnaß geschwitzt lief ich dann zurück. Als ich eines Morgens wieder in die Nähe von Ardore kam, sah ich von weitem eine seltsame, dunkle Gestalt, das Gesicht dem Meer zugewandt, am Strand hocken. Als ich näher kam, sprang der Mann erschrocken hoch, ich sah gerade noch einen wilden Haarschopf, ein blasses, bärtiges Gesicht, dann lief er schon mit seltsam hüpfenden Schritten davon, in der einen Hand einen weißen Plastiksack schwenkend. Es war schon zu heiß, um das letzte Stück Wegs den Dromos hinauf bis zum Haus im Laufschritt zurückzulegen. – Ich nahm eine Dusche und ging wenig später in die große Küche, wo mein Frühstück auf mich wartete. Ich erwähnte den merkwürdigen Mann am Strand, und meine Schwester

Pina rief überrascht: »Barábba!« Und sie erzählte mir die traurige Geschichte vom armen Barábba. Barábba gilt als Ardores Dorftrottel, obwohl er weder schwachsinnig noch verkrüppelt ist. Wenn er trinken würde, wäre er so etwas wie ein Clochard. Nennen wir ihn ein Original. Er hat keinen Beruf, und er arbeitet nur, wenn er muß. Seinen Unterhalt verdient er, indem er den Fischern beim Einholen der Netze hilft, wenn er dabei auch keine große Hilfe ist. Aber die Fischer werfen ihm als Lohn je nach der Ausbeute ein paar kleine Fische in den Sand, die Barábba wäscht und in seinem Plastikbeutel verstaut, um sie bei Verwandten abzuliefern, die am Hafen eine Trattoria betreiben. Dafür bekommt er dort jeden Tag eine Mahlzeit an dem »Katzentisch« hinten im Hof neben der Küche; natürlich niemals Fisch, der ist für die zahlenden Kunden, sondern man stellt ihm einen Teller Pasta asciutta oder Minestrone hin, dazu eine kleine Karaffe vom billigsten Wein.

Barábba sieht ziemlich furchterregend aus: stechende, tiefliegende schwarze Augen, ein wilder, struppiger Bart und ebensolche Haare. Barábba ist von einfachem Gemüt, er ist auch alterslos. Überhaupt hätte nie jemand viel über Barábba zu sagen gehabt, wenn nicht vor einem Jahr ein Ereignis über Ardore hereingebrochen wäre.

Dieses Ereignis hieß WANDA. Dabei war Wanda durchaus keine Fremde. Seit vielen Jahren, schon als Kind, kam sie jeden Sommer mit ihren Eltern aus der Toskana nach Ardore in die Ferien.

Aber im vorigen Jahr war Wanda auf einmal nicht mehr das blonde, aufgeschossene, etwas knabenhafte Mädchen, das mit den Gefährtinnen aus dem Dorf am Strand spielte. Wanda hatte sich innerhalb eines Jahres aus einer unscheinbaren Larve in einen wunderschönen Schmetterling verwandelt. Wenn sie mit ihren dunkelhäutigen, schwarzhaarigen und kleiner gewachsenen einheimischen Freundinnen am Strand auftauchte, waren es nicht nur die jungen Burschen, die ihr Ballspiel unterbrachen, auch die Mütter, die auf ihre badenden Kinder aufpaßten, ließen ihre Handarbeit in den Schoß sinken, und besonders die alten Männer, die auf einer Bank neben dem Kiosk unter einem Feigenbaum saßen, verschlangen Wanda mit lüsternen Blicken, und einer sagte zu den andern: »Si è fatta bella, la Wanda!« Sie ist schön geworden, die Wanda.

Zuerst fiel es niemandem auf, doch die Alten, denen nichts entging, bemerkten die Gegenwart eines ungewöhnlichen Zuschauers: Barábba. Der blieb zwar oben auf der Straßenböschung sitzen, aber es war auffällig, daß er den Blick nicht von Wanda ließ. Angeführt von Spanò, dem Apotheker, begannen die Alten Barábba aufzuziehen. Aber da der nicht reagierte, wurde allmählich ein böses Spiel daraus. Sogar die Kinder liefen bald hinter Barábba her und schrien:

»Barábba ama Wanda! Barábba ama Wanda!« Barábba liebt Wanda. Barábba konnte darüber sehr in Wut geraten. Er lief davon, den Strand entlang, bis ihn niemand mehr sah. Doch am nächsten Tag war er wieder da, und das Spiel begann von neuem. Aber irgendwann wurde es langweilig. Es war wieder der Apotheker, der eine Idee hatte. Er näherte sich Barábba und flüsterte ihm zu, er wisse ganz zuverlässig, daß auch Wanda ein Auge auf ihn, Barábba, geworfen habe. Dies war für Barábba so süß zu hören, daß er es nicht ertrug. Einige Tage lang tauchte er nicht mehr auf. Doch sobald er wieder erschien, trieben die Alten ihr Spiel mit Barábba weiter. Sie machten ihn glauben, daß Wanda traurig war, ihn nicht zu sehen, und daß sie nun auf ein Zeichen von ihm warte. Dieses Zeichen sei sein Bart. Wenn ihm wirklich daran gelegen sei, ihr zu gefallen, so solle er seinen Bart für sie opfern.

Am nächsten Tag erschien Barábba tatsächlich ohne seinen Bart. Wangen und Kinn waren kreidebleich und mit unzähligen kleinen Schnittwunden übersät, die er sich beim Rasieren zugefügt hatte. Auch sein Haupthaar hatte er irgendwie gebändigt, und er war kaum wiederzuerkennen. Sein Auftritt löste natürlich große Heiterkeit aus. Doch diesmal ließ sich Barábba nicht ins Bockshorn jagen. Er wartete darauf, daß Wanda sein neues Aussehen bewunderte. Doch er wartete vergebens. Was Barábba nämlich nicht ahnen konnte: Wanda hatte am gleichen Tag mit ihren Eltern Ardore verlassen, um in die Toskana zurückzukehren. Als er erfuhr, daß Wanda abgereist war, ohne ihn gesehen zu haben, sank er in tiefe Traurigkeit und ließ sich einige Tage lang nicht sehen. Dann kam er wieder, wenn noch niemand am Strand war, und er saß an der Stelle, von der aus er Wanda so viele Male beobachtet hatte. Als man dies den Alten hinterbrachte, suchten sie ihn auf und gestanden ihm, daß die ganze Geschichte von der Verliebtheit Wandas eine Lüge, nämlich ihre Erfindung, gewesen sei. Wanda hätte von ihm niemals auch nur die geringste Notiz genommen, er solle sich doch einmal im Spiegel betrachten.

Barábba brach zusammen. Er weinte und stammelte, er wolle nicht mehr weiterleben: »Voglio murì, voglio murì!« Spanò, der Apotheker, wußte Rat: »Wenn du wirklich sterben willst, kann ich dir helfen. Ich habe in meiner Apotheke ein wunderbares Gift. Wenn du es nimmst, wirst du keine Schmerzen haben, aber du wirst vor dem Sterben den schönsten Traum erleben, den du dir wünschen kannst, und danach glücklich hinüberdämmern.«

Barábba flehte Spanò an, ihm doch diesen Zaubertrank zu verkaufen. Doch der versprach ihn ihm großzügig als Geschenk. Er brachte Barábba das Gift in einer braunen Flasche. Am Abend setzte Barábba sich an den Strand, trank die übelschmeckende Flüssigkeit tapfer bis auf den letzten Tropfen aus, legte sich zurück, schaute hinauf zum Mond und wartete auf seinen letzten Traum, für den er sich sicher die ewige Vereinigung mit Wanda gewünscht hatte. Er wartete lange.

Doch der Traum wollte sich nicht einstellen, und auch der Tod kam nicht, um Barábba zu erlösen. Er bekam vielmehr schreckliche Leibschmerzen, und bald floß es unaufhaltsam und übelriechend aus dem Körper des armen Barábba, der glaubte, daß es das Leben sei, das seinem Körper entwich. Natürlich hatten seine Peiniger ihm nicht Gift, sondern eine gehörige Portion Rizinusöl gegeben. Barábba fühlte sich um seinen Traum betrogen und wartete auf das Ende.

Am nächsten Morgen trieb das schlechte Gewissen Spanò und seine Komplizen zum Strand. Sie erschraken. Da lag Barábba immer noch an der gleichen Stelle und rührte sich nicht mehr. Auf seinem Gesicht, seinen Händen und überall auf ihm und um ihn herum saßen und summten Hunderte von Fliegen und anderes Ungeziefer.

Doch Barábba war nicht tot.

Die Alten schleiften ihn vom Strand in den Schatten des Feigenbaums. Spanò verabreichte ihm ein Kohlepräparat und flößte ihm Flüssigkeit ein.

Drei Tage lang lag Barábba unter dem Baum und war zu schwach, um aufzustehen. Doch am Morgen des vierten Tages war er verschwunden, und man hatte ihn nicht mehr wiedergesehen.

Fast ein Jahr war vergangen. Die Ferienzeit war angebrochen, auch Wanda war zurückgekehrt, schöner denn je. Die jungen Burschen zeigten ihr beim Ballspiel ihre muskulösen braunen Körper, die Mütter in ihren schwarzen Kleidern sahen mißbilligend den allzu knappen Badeanzug Wandas, und die alten Männer, eher davon angetan, saßen wie immer auf der Bank unter dem Feigenbaum, und einer sagte: »Wanda si è fatta donna!« Wanda ist eine Frau geworden. Unter ihnen fehlte jedoch der Apotheker Spanò. Der war vor Weihnachten von der n'Drangheta, der kalabresischen Mafia, entführt worden und, obwohl die Familie ein hohes Lösegeld gezahlt hatte, noch immer in den Händen der Gangster.

Barábba war zwar zurückgekehrt, wagte sich aber nur noch nachts an den Strand.

Schreie

Wir kreuzten mit einem großen Motorsegler durch die Ägäis. Der Regisseur Peter Fleischmann hatte mich zusammen mit dem Drehbuchautor Jean-Claude Carrière eingeladen, ihn bei der Motivsuche für seinen Film, der im folgenden Sommer an verschiedenen Orten Griechenlands gedreht werden sollte, zu begleiten.

Wir hatten Delphi gesehen, den Isthmus von Korinth passiert, das Amphitheater von Epidaurus besucht und fuhren nun die zahlreichen Inseln ab, eine friedliche und frohe Fahrt. Doch der Schein trog. Es war das Frühjahr 1974, die Obristen führten noch ihr unmenschliches Regiment. Obwohl wir nicht viel davon bemerkten, gab es genügend Anzeichen. Auf der Insel Hydra, wir machten gerade einen Spaziergang am Hafen, ertönte plötzlich ein Signal. Alle Fußgänger blieben wie auf Kommando stehen, und über Lautsprecher erklang eine Hymne. Am Abend hörten wir auf dem Boot im Hafen am Radio eine Fußballübertragung. Bei einem Tor zog unser junger griechischer Kapitän begeistert an der Schnur der Schiffssirene: Tut-tut-tut. Ein paar Minuten später wurde er von Polizisten abgeführt. – Ein paarmal fuhren wir an der kleinen Insel Paros vorbei, und man erzählte uns, daß dort politische Gefangene festgehalten würden.

Ich frage mich heute noch, welches Drehbuch Fleischmann der Kulturbehörde vorgelegt hatte, die über die Genehmigung der Dreharbeiten zu befinden hatte. Sicher nicht jenes, das auf dem Roman DER FEHLER des griechischen Autors Antonis Samarakis basierte. Denn dieser war ein durchaus politisches Buch. Es beschreibt die Festnahme eines Oppositionsführers in der Provinz und dessen Transport in die Polizeizentrale der Hauptstadt durch zwei Geheimpolizisten, die Michel Piccoli und ich spielen sollten.

Doch gegen Ende der Drehvorbereitungen gerieten wir mitten in die Krise, die zum Sturz der Obristen führte. Den Film nun abzublasen war nicht mehr möglich, Verträge mit Team und Schauspielern waren abgeschlossen. Obwohl wir es nicht wahrhaben wollten, die Brisanz des Filmstoffes war dahin, und später mußten wir einsehen, daß aus dem Film die Luft heraus war. Er wurde ein Flop.

Der Autor des Romans, Antonis Samarakis, war nach dem Umsturz aus seinem Pariser Exil zurückgekehrt. Wir hatten einander kennengelernt und uns angefreundet. Eines Tages standen wir in Athen vor einem großen Gebäude, in dem sich, wie ich nun erfuhr, während der Diktatur eben jene Polizeizentrale befand, die Antonis in seinem Roman beschrieb. Er erzählte mir, daß er zu seinem Leidwesen ein häufiger Besucher dieses düsteren Gebäudes gewesen war.

Er hatte schon gleich nach Beginn der Militärdiktatur Griechenland verlassen wollen, doch dazu benötigte man einen Reisepaß. Immer wieder hatte er Anträge dafür gestellt, die aber mit allen möglichen Ausflüchten abgelehnt wurden. Immer wieder wurde er hierher bestellt, und diese Vorladungen nahmen allmählich den Charakter von Verhören an.

Dann hieß es wiederum, der Paß läge vor, doch wurde die Ausgabe immer wieder hinausgeschoben.

Bis ihn schließlich eines Abends ein Bekannter, der in jener Zentrale arbeitete, anrief und in sein Büro bestellte. Er könnte nunmehr seinen Paß abholen. Antonis meinte, diese Vorladung bezöge sich auf den nächsten Tag, und fragte nach einem Termin, einer Uhrzeit. Der Bekannte riet ihm jedoch, lieber sofort vorbeizukommen, denn die Dinge könnten sich bekanntlich über Nacht ändern. Antonis bedankte sich und traf seinen Bekannten zu später Stunde in dem dunklen, gespenstisch anmutenden Gebäude.

Irgendwoher aus der Tiefe des weitläufigen Baus drangen schrecklich anzuhörende Schreie. Der Bekannte schien sie nicht zu hören, aber Antonis konnte sich nicht eines Kommentars enthalten: »Die armen Menschen! Wie kann man sie nur so quälen? Und wieso kannst du ihre Schreie ertragen?«

Doch sein Bekannter sah ihn kopfschüttelnd an: »Du irrst dich«, sagte er, »die da schreien, sind nicht die Gefolterten. DIE können nicht mehr schreien! Die da schreien, sind die, die FOLTERN!« Antonis Samarakis hat seinen Paß entgegengenommen und Griechenland noch in der gleichen Nacht verlassen.

Kuawalalú

Schon während der Dreharbeiten zu Fleischmanns Film hatte ich ein kleines Boot gechartert, mit dem ich an drehfreien Tagen zu kleinen Erkundungsfahrten herumsegelte. Als der Film abgedreht war, war ich ein so begeisterter Segler geworden, daß ich noch ein paar Wochen Urlaub anhängte.

Ich wagte nicht allzu weite Touren, sondern fuhr zwischen den kleinen Inseln im Süden des Peleponnes herum. In jenem Jahr war der gefürchtete Meltemi gnädig und blieb eines Tages ganz aus: Windstille. Ich hatte den Motor meines Bootes angeworfen und tukkerte um eine winzige Insel herum auf der Suche nach einem Ankerplatz. Nur niedrige Sträucher und Steine. Keine Bucht. Keine Menschenseele. Das war mir recht. Ich genoß die Zeit allein. Ich trainierte meine Stimme, sang und memorierte Theatertexte. Ich sah mich schon wie Demosthenes am Strand stehen und mit Kieselsteinen im Mund die Brandung anbrüllen, von der allerdings keine Rede sein konnte.

Dann warf ich den Anker an einer leichten Einbuchtung der sonst fast kreisrunden Insel.

Ich machte einen Erkundungsspaziergang um die Insel und war fast schon wieder an meinem Boot angelangt, als ich das kleine orangefarbene Zelt und das winzige Ruderboot sah.

Ich suchte herum und fand eine Feuerstelle mit ziemlich frischer Asche. Ich war also doch nicht allein.

Enttäuscht wandte ich mich ab. Da sah ich sie. Sie war nackt, sonnengebräunt und jung. Sie zeigte überhaupt keine Scham, sah mich vielmehr spöttisch an. Ich murmelte einen Gruß. Sie lächelte und sagte: »Kuawalalú.«

Ich verstand nicht und fragte: »Do you speak English? – Parlez-vous français? – Parla Italiano?«

Jedesmal ein kleines lächelnd-verständnisloses Kopfschütteln, und wieder: »Kuawalalú.«

Sollte das eine Sprache sein? Ich versuchte es mit Griechisch: »Kalimera.«

»Kuawalalú.«

Keine große Aussicht auf Konversation,

dachte ich, doch meine Neugier war geweckt, und meine mimische Spielfreude war gefragt. So »erzählte« ich ihr, daß ich mit meinem Boot etwas weiter drüben läge, daß ich es ihr gerne zeigen könne. Von ihr kam immer wieder ein ermutigendes »Kuawalalú«. Schließlich schlug ich ihr mimisch vor, ein gemeinsames Abendessen zu kochen. Sie lachte laut über meine Bemühungen. Ich hingegen begann anstatt »O. K.?« »Kuawalalú?« zu fragen. Sie nickte und nahm meine Einladung an: »Kuawalalú.«

Wir aßen gebratenen Fisch und tranken Wein. Unsere Unterhaltung auf kuawalalú funktionierte immer besser, und als wir später nebeneinander auf dem Kiesstrand lagen und ich leise fragte: »Kuawalalú?«, da schloß sie die Augen, und ich küßte sie. Als ich mutiger wurde und immer mehr Kuawalalú-Vokabeln erfand, boxte sie mich mahnend vor die Brust und lachte ein tiefes, gurrendes Kuawalalú.

Wir schliefen in ihrem Zelt.

Drei Tage später ging uns das Trinkwasser aus, und ich mußte zu einer der Nachbarinseln. Ich fragte sie, ob sie mitkommen wolle. Kuawalalú. So fuhr ich alleine los und winkte ihr zu: »Kuawalalú!«

Als ich gegen Abend zurückkam, war sie verschwunden. Kein Zelt, kein Boot, keine Kuawalalú. Ich lief herum und suchte die Insel ab. Ich stellte mich auf den höchsten Punkt und schrie in den Abend:

Kuawalalúúúúú!«

Es war zu spät, jetzt noch auszufahren. Ich schlief nicht und erwartete ungeduldig das Morgengrauen. Sie konnte nicht weit gekommen sein. Ich suchte sämtliche Inseln ab, ich fragte nach ihr: »Kuawalalú?« Keiner verstand mich.

Sie blieb verschwunden.

Ich hatte durch die Suche nach ihr meinen Urlaub überzogen und mußte nun schweren Herzens zurück.

Das Boot ließ ich in seinem Heimathafen Spetsai und nahm die Fähre zum Piräus. Mein Rückflug war verfallen. Kein Platz mehr zu haben. Ich telefonierte in der Weltgeschichte herum. Nichts. Am nächsten Tag beschloß ich, nach Athen in das Hauptbüro der nationalen Fluggesellschaft zu gehen. Ich trat aus der Sonnenhitze in das große, air-condition-gekühlte Büro.

Da sah ich sie. Sie saß hinter einem Schreibtisch. Sie trug die blaue Hostessen-Uniform

der Airline. Sie hatte ihr langes schwarzes
Haar hochgesteckt, und darauf balancierte ein
winziges blaurotes Schiffchen. Ich rannte auf
sie zu und schrie fast:

»Kuawalalú!!!«

Sie blickte hoch, und ihre Augen sahen
mich kühl an.

»Kuawalalú!?« sagte ich nun leiser, aber
noch beschwörender.

Sie zeigte ein professionelles, geduldiges
Lächeln und fragte:

»Do you speak English? – Parlez-vous
français? – Parla Italiano...?«

Requiem für einen Schauspieler

Ich hatte Hanns Lothar schon in den fünfziger Jahren kennengelernt. Wir mochten uns, obwohl wir nie beruflich miteinander zu tun hatten, und wenn wir uns trafen, versicherten wir einander jedesmal, wie gern wir einmal etwas zusammen »machen« würden. 1966 hatte ich mit dem Regisseur Rolf Hädrich für das Fernsehen in Frankfurt Brechts »Der Herr Puntila und sein Knecht Matti« mit dem wunderbaren Leonard Steckel als Puntila gemacht.

Gegen Ende unserer Drehzeit fragte mich Hädrich, ob ich irgendeinen Wunsch hätte, was ich gerne mit wem machen würde. Ich antwortete ihm spontan, daß ich am liebsten etwas mit Hanns Lothar als Partner spielen wollte. Wir fanden auch das geeignete Stück: John Steinbecks »Von Mäusen und Menschen«. Für Hanns Lothar wäre der George eine ideale Rolle gewesen. Hädrich sprach mit ihm darüber, der war begeistert, es wurden bald Verträge gemacht, und im Frühsommer

67 sollten in der Camargue die Dreharbeiten beginnen. Im Februar hatte ich in Hamburg zu tun. Wenn ich damals nach Hamburg kam, wohnte ich im Hotel Bellevue an der Außenalster, damals das beliebteste Schauspielerhotel. Ich hatte erfahren, daß auch Hanns Lothar dort logierte.

Ich traf ihn in seinem Zimmer. Er saß, nur mit einer Unterhose bekleidet, auf seinem Bett.

Hansi, so wurde er von den Freunden genannt, erzählte mir, daß er gerade von einer Kur bei Bürger-Prinz käme, einer bekannten Klinik für Entziehungskuren. Es war ja kein Geheimnis, daß Hanns Lothar ein Trinker war. Er beschrieb die Zeit vorher. Er hatte in Hamburg gedreht und hatte immer große Mühe, morgens wach zu werden. Er hatte dem Portier gesagt, daß er beim Weckruf so lange läuten lassen solle, bis er den Hörer abnähme. Das dauerte seine Zeit. Wenn er endlich das Telefon klingeln hörte, begannen seine Hände so zu zittern, daß es ihm nicht gelang, den Hörer zu greifen. Er brauchte erst einen Schluck aus der Flasche. Zu diesem Zweck hatte er abends vor dem Zubettgehen eine Flasche unten neben das Bett gestellt.

Jetzt zeigte er mir, wie er diese Flasche präpariert hatte: Er stellte eine Mineralwasserflasche vor sich hin, nahm eine Stoffserviette und machte einen Knoten hinein. Diesen stülpte er über den Flaschenhals und zog ihn fest zu.

»Warum der Knoten?« fragte ich. Hansi faßte die Flasche unten in der Höhe des Etiketts und begann, diese wie unter einem Krampf zu schütteln, und hob sie dabei langsam zum Mund:

»DAMIT ICH MIR NICHT DIE ZÄHNE EINSCHLUG!« Ich schwieg. Hansi lächelte und sagte: »Aber das ist jetzt endgültig vorbei!«

Zwei Monate später war er tot. Ich war in München und wollte zum Begräbnis nach Hamburg fliegen. Am Vorabend fuhr ich zum Flughafen und traf dort eine ganze Schar von Kollegen, die alle nach Hamburg wollten. Aber es herrschte Nebel, und niemand wußte, ob es noch einen Flug nach Hamburg geben würde. Ich stand mit meinem Kollegen Benno Sterzenbach und dem Regisseur Jürgen Roland am Abfertigungsschalter. Irgend jemand sagte schließlich: »Wenn ihr sicher nach Hamburg kommen wollt, es gibt noch einen Zug mit Schlafwagen. Da müßtet ihr euch aber beeilen.« Wir zögerten nicht lange, nahmen ein Taxi zum Münchener Hauptbahnhof und erreichten den Zug gerade noch. Allerdings gab es im Schlafwagen keine Betten mehr, und wir setzten uns in ein leeres Abteil. Der Zug fuhr ab. Wir waren überhaupt nicht müde, und so begann eine lange Nacht der Gespräche. Jeder von uns dreien steuerte seine persönlichen Erinnerungen an Hanns Lothar bei. Doch Geschichten über Hansi zu erzählen, stellten wir bald fest, war nicht möglich ohne Alkohol. Wir beschlossen, eine würdige Totenwache für Hansi zu halten. Wir würden nicht schlafen, sondern nur unseres Freundes gedenken. Abwechselnd ging einer von uns zum nächsten Schlafwagenschaffner und kaufte dessen Alkoholbestand auf und schleppte Bier, Sekt und was es sonst noch gab zurück zu unserem Abteil. Wir tranken und erzählten, immer wieder stießen wir die Gläser zusammen und hoben sie hoch, schauten zu der Funzel hoch, die das Abteil schwach beleuchtete: »Auf Hansi!« stimmte einer an. »Auf Hansi!« fielen die beiden andern ein. Wir kamen durch den Alkohol in Stimmung; immer lauter schickten wir unsere Trinksprüche zu einem imaginären Himmel hoch, in dem wir Hansi vermuteten. Wir versicherten einander, daß man nur so Hansi nah sein könne, ja daß wir in diesem Augenblick Hansi näher waren als alle anderen, sicher näher als all jene, die jetzt im Bett lägen. Irgendwann wurde die Abteiltür geöffnet, befremdet sahen wir Uschi Glas ins Abteil treten, wir drei sahen uns an und dachten: »Was will die denn hier?« Aber sie war nett und bescheiden, und so nahmen wir sie in unsere Runde auf, benützten sie aber hauptsächlich, um weiteren Alkohol zu beschaffen, was sie anstandslos tat.

So vergingen die Stunden.

Schließlich kamen wir volltrunken in Hamburg an. Jürgen Roland hatte seine schwarze Hose vergessen. Am Bahnhof rief er zu Hause bei seiner Frau an, man solle ihm eine passende Hose ins Hotel Bellevue bringen, wo Benno und ich Zimmer bestellt hatten.

Als der Portier mir meinen Zimmerschlüssel hinlegte, deckte ich diesen sofort mit meiner Hand zu und wußte im gleichen Augenblick, daß ich Hansis damaliges Zimmer bekommen hatte. Ich nahm meine Hand langsam vom Schlüssel: Es war tatsächlich dasselbe Zimmer. Ich wollte schon ein anderes verlangen, doch dann dachte ich, daß es wohl Schicksal sei.

Ich stellte fest, daß ich meinen elektrischen Rasierapparat vergessen hatte, und ging zu Benno Sterzenbach, um mir seinen Apparat zu leihen. Er rasierte sich »naß«, so nahm ich also seinen Rasierer samt Pinsel und Seife und versuchte mich mit dem ungewohnten Gerät zu rasieren.

Mir war ziemlich übel, und ich begann mit ungeschickten Händen und vor dem Spiegel hin- und herschwankend die Rasur. Ich muß wirklich sehr betrunken gewesen sein, denn ich brachte es fertig, mich mit dem Sicherheitsrasierer derart unter der Nase zu schneiden, daß ich blutete wie ein Schwein. Wir waren verspätet. Um neun sollten wir bei der Einsegnungshalle sein, und es war schon neun. Jürgens Hose war inzwischen eingetroffen, wir hatten uns umgezogen und nahmen ein Taxi.

Als wir ankamen, standen Tausende Spalier. Wir waren alle drei noch sehr betrunken, ich als der ungeübtere Trinker wohl am meisten, denn Benno und Jürgen hielten mich in ihrer Mitte. Ich hatte nicht gemerkt, daß meine Schnittwunde unter der Nase wieder aufgegangen war und ich ziemlich stark blutete. Hans Jörg Felmy kam uns entgegen und zischte: »Wo bleibt ihr denn? Wie seht ihr denn aus?« Wir maulten und fanden ihn ziemlich blöd. Wieso konnten wir denn zu spät sein? WIR waren schließlich die ganze Nacht mit Hansi zusammen und *konnten* folglich gar nicht zu spät sein. Wir müssen ein ziemliches Aufsehen bei der Trauergemeinde erregt haben, denn wir ernteten Zischen und vorwurfsvolle Blicke, als wir in der Leichenhalle ankamen. Wir mokierten uns über eine der salbungsvollen Trauerreden. Wir konnten auch nicht ernst bleiben, platzten ab und zu heraus, was uns wieder mißbilligende Blicke einbrachte.

Als sich jedoch dann der Sarg in einen Schacht senkte, wurde mir klar, daß Hansi uns endgültig verlassen hatte. Und plötzlich schüttelte mich ein unwiderstehlicher Weinkrampf, der auch Benno und Jürgen ansteckte. Wir heulten wie die Schloßhunde und konnten uns lange nicht beruhigen. Irgendwann ging die Zeremonie zu Ende. Ich weiß nur noch, daß ich alleine dastand, langsam etwas nüchterner wurde und mich entsetzlich schämte. Ich wartete, bis fast alle gegangen waren. Plötzlich legte sich eine Hand auf meinen Arm. Ich traute mich kaum hochzuschauen und blickte in ein vertrautes Gesicht mit verweinten Augen.

Es war eine Freundin aus meiner frühen Münchener Zeit. Ich hatte sie seit Jahren nicht mehr gesehen, wußte aber, daß sie mit Hansi befreundet gewesen war.

»Wie siehst *du* denn aus?« fragte sie, fischte mein Taschentuch aus der Brusttasche und feuchtete es mit der Zungenspitze an, um das getrocknete Blut von meinem Kinn zu wischen. »Gehst du jetzt dahin?« fragte sie und meinte den Leichenschmaus, zu dem wir eingeladen waren. »Das kann ich nicht, das bringe ich nicht fertig!« sagte ich. Wir nahmen ein Taxi und fuhren ins »Bellevue«. Ich nahm den Schlüssel, und wir gingen in »Hansis Zimmer«.

Mario Adorf
Der Dieb von Trastevere

Italienische Geschichten

Gebunden

Lieben Sie Italien? Lieben Sie spannende, verblüffende Geschichten? Dann macht Mario Adorf, der große deutsche Schauspieler, Ihnen mit diesem Buch ein wirkliches Geschenk. Denn niemand kann so hinreißend über dieses verrückte Land erzählen, über römische Gauner und Carabinieri, über mafiöse Filmregisseure oder schlitzohrige Photographen, über das Leben in kleinen italienischen Badeorten oder in der eleganten Toskana-Metropole Florenz.

Kiepenheuer & Witsch

GOLDMANN TASCHENBÜCHER